天下文化

BELIEVE IN READING

| 社會人文 BGB556 |

## 20位國際大師遠見連線

# 透視全球變局

Mapping the Global Terrain:
Interviews with International Visionaries

王力行 總策畫
吳佩穎 主 編

# 目錄

出版者的話
高希均・王力行——遠見・天下文化事業群創辦人 008

## 全球化與地緣政治

Democracy 民主
卜睿哲（Richard C. Bush）——前AIT理事主席 014
▼提升民主效能，是台灣重要防線 015
▼台灣沒有太多犯錯空間 025
▼美中若爆衝突，台灣絕不會受益 031

Globalization 全球化
湯馬斯・佛里曼（Thomas L. Friedman）——普立茲新聞獎得主 040
▼台灣不要輕信華府政客的甜言蜜語 041
▼中國是熊，也許有天能學會唱歌 053

Mutuality 互惠
傅高義（Ezra Feivel Vogel）——亞洲關係權威 062
▼兩岸問題不會留到下一代解決 063

## 企管精粹

Leadership 領導力
約翰．漢尼斯（John L. Hennessy）——史丹佛大學校長（2000～2016） 076
▼別浪費危機，疫後成為更好的自己 077
▼亂世，更需要正直的領導人 085
Decisiveness 果決
麥晉桁（John J. Mack）——摩根士丹利傳奇執行長 093
▼永不低估自己，善用科技找機會 094
Innovation 創新
亞歷克．羅斯（Alec Ross）——前白宮科技創新顧問 102
▼數位策略、地緣政治，領導人必修 103

Judgement 判斷力

米歇爾．渥克（Michele Wucker）——全球知名戰略顧問　112

▼了解自己，就能預見「灰犀牛」　113

# 人文視野

Vision 遠見

哈拉瑞（Yuval Noah Harari）——以色列新銳歷史學家　124

▼最大敵人非病毒，而是心中惡魔　125

▼國家的繁榮，無法再靠戰爭達成　143

Framer 造局者

麥爾荀伯格（Viktor Mayer-Schönberger）——全球大數據權威　152

▼解放人類智慧，成為造局者　153

▼人類抉擇，決定數據價值　162

Morality 道德

奈伊（Joseph S. Nye）——軟實力之父　172

▼總統的道德選擇，將讓你付出代價　173

**Sustainability 永續**

傑佛瑞．薩克斯（Jeffrey D. Sachs）——唐獎第五屆永續發展獎得主 183

▼實現永續發展，台灣是關鍵要角 184

**Responsibility 責任感**

喬治．塞拉分（George Serafeim）——國際 ESG 權威 193

▼做好事、賺大錢，能兩全 194

## 疫後新局

**Empathy 同理心**

珍古德（Dame Jane Goodall）——黑猩猩之母 214

▼這場疫病，是人類自己造成的！ 215

**Mission 使命**

何大一（David Ho）——華裔病毒權威 225

▼沒有公共健康，不會有經濟健康 226

**Renascence　重生**

拉古拉姆・拉詹（Raghuram Rajan）——全球首席經濟學家　235

▼疫後的重生力量來自社區　236

# 華人之光

**Pioneer　先驅**

錢煦（Shu Chien）——台灣生物醫學研究開路先鋒　246

▼台灣現況良好，提升產學合作更佳　247

**Beyond　超越**

張忠謀（Morris Chang）——台積電創辦人　255

▼九個條件，打造世界級企業　256

**Peace　和平**

高希均（Charles H. C. Kao）——遠見・天下文化事業群創辦人　262

▼台灣的「平衡策略」：親美防美・近中和中・愛台護台　263

Co-prosperity—共榮

鄭崇華（Bruce Cheng）——台達電創辦人 272

▼追求永續共榮，必先促進和平 273

Trailblazing—開創

李開復（Kai-Fu Lee）——AI人工智慧趨勢大師 281

▼「+AI」新時代來臨！四大策略讓傳統企業找到AI機會 282

▼AI 2.0時代，所有應用都將重寫 287

## ——出版者的話——

# 向大師學習，與國際連線

高希均．王力行／遠見．天下文化事業群創辦人

「Global Views」是《遠見》雜誌的英文名字，同時也是三十八年前創辦之初的宗旨：「傳播國際知識，透過採訪不同領域、主題及人物，建立全球視野。」回顧一九八六年創刊之際，台灣當時面臨兩岸與國際大時代變局，我們有擺脫「知識貧窮」「國際孤立」的迫切感，更需要提升「知識富裕」「融入世界」的積極力，為每一位讀者建立理解國際社會的世界觀。

秉持傳播國際知識的使命，讓每一位讀者都能在世界的地圖上找到自己。《遠見》不止於每月的報導，每年均邀請世界級大師訪台，與國際大師直接交流，可以無時差了解世界的經驗與現實。競爭學大師麥可．波特（Michael Eugene Poter）、管理學大師彼得．聖吉（Peter M. Senge）、《我們曾經輝煌》作者佛里曼、《快思慢想》諾貝爾獎得主康納曼、《軟實力》作者哈佛教授奈伊，都接受過《遠見》的邀請來台訪問與演講；這些不同領域的國際大師，又具備跨界思維，帶給我們各種不同解讀世界的視角。當他們與馬英九總統晤談後，常受邀在總統府發表演講。

二〇二〇年初，新冠疫情加劇，為杜絕病毒的傳染，全世界陷入封城困境，從交通、貿易、製造到教育、文化交流等，全面斷鏈，這是人類有始以來的巨大危機。《遠見》是從台灣社會的改變浪潮而起，「與世界接軌」是她的宗旨。COVID19期間，《遠見》即刻啟動的「國際大師遠見連線」方式，不間斷地向國際大師請益，三年防疫不出國，卻仍能連結世界；這段期間，國際大師們的「台灣觀點」，深化我們對世界的了解，彌足珍貴。

為提供讀者更具系統的閱讀經驗，天下文化將《遠見》雜誌發表的二十位國際大師採訪專文，收錄成書，以〈全球化與地緣政治〉、〈企管精粹〉、

〈人文視野〉、〈疫後新局〉、〈華人之光〉五大篇章，包含卜睿哲（Richard C. Bush）、佛里曼（Thomas L. Friedman）、傅高義（Ezra Feivel Vogel）、漢尼斯（John L. Hennessy）、麥晉桁（John J. Mack）、羅斯（Alec Ross）、渥克（Michele Wucker）、哈拉瑞（Yuval Noah Harari）、麥爾荀伯格（Viktor Mayer-Schönberger）、奈伊（Joseph S. Nye）、薩克斯（Jeffrey D. Sachs）、塞拉分（George Serafeim）、珍古德（Dame Jane Goodall）、何大一、拉詹（Raghuram Rajan）、錢煦、張忠謀、高希均、鄭崇華、李開復，感謝他們分享精闢的觀點與智慧之語。

普立茲新聞獎得主佛里曼在著作《謝謝你遲到了》開篇處，引述居禮夫人的一段話：

**「生命無足畏懼，只須了解。現在，就是該好好了解的時候；了解愈多，恐懼愈少。」**

我們唯有了解世界大國的運作方式，才能做出明智的抉擇。人類文明在二〇二〇二二年底已開始進入「人工智能」時代，面對電腦從「自動化」到「生成化」的新進化，與國際大師連線，掌握第一手關鍵解讀，我們在這個世界上才得以清晰與自信地走向未來。

# 全球化與地緣政治

民主——卜睿哲（Richard C. Bush）

全球化——湯馬斯・佛里曼（Thomas L. Friedman）

互惠——傅高義（Ezra Feivel Vogel）

前 AIT 理事主席

# 卜睿哲

# Richard C. Bush

出生｜1947 年

現職｜布魯金斯研究院（**Brookings Institution**）東亞研究中心客座資深研究員

學歷｜哥倫比亞大學政治學博士

經歷｜曾任美國在台協會理事主席（1997～2002）、布魯金斯研究院東亞研究中心主任、美國亞洲學會委員、美國眾議院亞太小組委員會諮詢幕僚

著作｜《艱難的抉擇》（***Difficult Choices***），天下文化，2021/06/25

# 提升民主效能，是台灣重要防線

文／李國盛、白育綸

過去四年來，急劇惡化的兩岸關係，伴隨美中對抗的全球增溫，甚至是新冠疫情的全球蔓延，都加劇了台灣民主制度面對的挑戰。

號稱最了解台灣的國際友人、美國在台協會前理事主席卜睿哲認為，台灣在強化國內民主機制的同時，更要深化民主、強化效能，才能解決日益複雜的議題。他更在新書《艱難的抉擇》中提醒：「台灣在做艱難抉擇時，要正確理解美國的利益及意圖。」

卜睿哲認為，台灣民主制度由於內外挑戰難度愈來愈高，在面對艱難的選擇之際，要做出正確的選擇比以往更加困難。特別是美國對中態度的轉變，從貿易戰開始，然後擴及到全面的地緣政治競爭，台灣不可能置身事外。

卜睿哲指出，台灣的獨特之處，就是把民主制度也納入國安機制的一環，讓民主效能提升，將是台灣面對各種挑戰的必要舉措。

在新冠肆虐、兩岸冰封之際，《遠見》獨家專訪卜睿哲，以下是專訪精華：

**《遠見》問（以下簡稱問）**：你為何要將新書命名為《艱難的抉擇》？想帶給台灣哪些訊息？同時，你提及台灣政府在預算分配上出現問題，你鼓勵政府徵稅，可否進一步說明？

**卜睿哲答（以下簡稱答）**：我想談的是台灣政治制度的表現（performance），我的書提出幾個基本想法。

首先，台灣政治體制面臨的內外問題愈來愈複雜。台灣面對的不僅只有中國議題，台灣社會正在老化，經濟正走向成熟。年輕人不想結婚、生孩子，這些問題產生了政治家們需要應對的各種效應。

台灣面對的議題愈來愈棘手的同時，政治愈來愈兩極分化，尤其是面對中國的問題。我認為，「避免選擇」其實也是一種選擇，但在台灣的狀況中，它不是個好選項。

值得注意的是，政府之所以很難同時滿足年輕人和老年人、滿足國防和其他需求，稅基不足是個問題。

沒有哪個增稅的政府是受歡迎的。但是，擴大政府預算的派餅，將更容易讓每一塊餡餅有適當的分量。

## 民主就是國防，用來抵擋對岸壓力

**問**：台灣疫情在五月陡升，有人批評，政府處理疫情獨斷且過程不透明，是對於民主的傷害，你同意嗎？

**答**：台灣最初成功遏制疫情，與其說是因為民主制度，倒不如說與公共衛生官員應對危機的能力更有關，由於控制疫情得宜，台灣的民主也連帶得讚揚。

在案例突然激升後，很明顯，如果政府做得不好，那麼台灣的民主聲譽就會受損。不過，正如我們看到的，病例數量正在下降，這是一件好事，我認為台灣要持續警覺及繼續與國際合作。

**問**：過去兩年美中競爭白熱化，就你所見，台灣的民主是讓政策制定更穩定，或民主加劇了政策困境？

**答**：關鍵是台灣民主選舉產生的領導人的政策，如何影響美國和中國的利益。從一九九〇年代中期到二〇〇八年，華盛頓和北京的看法是，台灣政策對三方關係的影響是負面的。

然後在馬英九期間，他的政策更符合美中利益，至於二〇一六年之後到今天，情勢則更為複雜，原因倒不是因為蔡政府的政策，蔡在兩岸關係上是相當審慎的，真正的原因是美中之間的緊張情勢愈見升高。

展望未來，得看二〇二四年的選舉如何影響台灣對大陸和美國的政策。我相信，在未來兩至三年內，情況會變得更加明朗。但我強調，美國和台灣的利益，過去十三年來出現了明顯的趨同（convergence）。

**問：**你在書中說，台灣獨特之處就是把民主制度也納入國安機制的一環，怎麼說？

**答：**舉例來說，當中國領導人敦促台灣領導人更認真地考慮一國兩制，台灣領導人有一個非常有效的答案，就是台灣政策不是領導人可以單方決定，人民通過民主制度有發言權。所以，即使我認為你（中國）的提議是一個很好的提議，我也得先說服兩千三百萬人。

此外，若台灣的法律地位要發生重大改變，例如「統一」，就必須通過修憲來完成。但台灣修憲真的很難，基本上，必須同時獲得國民黨和民進黨同意。

因此，我認為台灣總統能有效地利用台灣民主制度的現實，來抵擋來自北京的壓力。台灣的民主仍然是防禦工具之一，條件是台灣的民主制度運作良好。不過，中國已經找到干涉台灣民主制度的方法，這使得情勢更加複雜。

## 美國的民主變化，也牽動台灣未來

**問：**拜登上台後，美國的對台政策是否有所調整？

**答：**不幸的是，美國的民主狀況多年來惡化了，川普上任前就有這個趨勢，但他使情況變得更糟，這對台美關係有一定的影響。

首先，美國政府對台政策，原有的一體化和連貫性進程被破壞了。拜登任期還處於初期階段，我確實期待拜登政府能在雙方經濟關係上取得好進展。這是好事，會有一個「貿易暨投資架構協定」（TIFA）會議。

今天的美國對中國威脅有更廣泛的共識，這顯然有助於台灣。美中台之間的問題非常複雜。我認為華盛頓有一種理解，即中國並沒有準備要打仗（China is not preparing for war）。

中國的手段其實是我所說的「非暴力脅迫」（coercion without violence）

——在不使用暴力的情況下，造成脅迫——並且已收到一些效果。

**問**：拜登上台後，看似延續了川普時代的抗中策略，甚至還更強硬，這趨勢會持續嗎？

**答**：川普政府與拜登政府有相當程度的連續性，拜登知道，美國民眾和國會對中國看法已經改變。在過去的十年或十二年裡，中國在很多方面都發生了變化，因此有必要適應這些變化。然而，我不會用「遏制」（containment）這個詞來形容拜登的對中政策。

美中非常競爭，台灣也是緊張關係下的一大議題。拜登就任以來，台灣與美國和中國之間並沒有太多高層互動，我認為我們今年（二〇二一）下半年將看到更多的活動。這可能是一件好事。

**問**：許多人解讀，拜登政府正進行一種類似「新冷戰」的抗中策略，這會提升美國保護台灣的意願嗎？

**答**：美國是否保衛台灣，是非常複雜的問題，華盛頓是否有意願協防台灣？此外，美國是否有軍事能力來支援回應威脅，都是關鍵。

如果我們說：「哦，我們要保衛台灣！」但我們沒有船隻、飛機、潛艇和導彈來因應這種威脅。北京會知道，他們很聰明。他們關注我們的軍事發展。

因此，我認為歐巴馬政府對亞洲進行再平衡是正確的，「太平洋威懾倡議」（Pacific. Deterrence Initiative）是好主意，因為它將把美國的軍事能力集中在最需要地區；這樣，即使我們的訊號（關於協防台灣）不是絕對清楚，北京會知道，如果它試圖攻擊台灣，它就會冒風險。

這也是對北京脅迫我們在亞洲的朋友和盟國，讓他們感到非常不安全的適切回應。因此，如果希望北京不會惡化情勢，這份倡議可望加以克制。

關於對台灣的國防支援，台灣也要以行動表態：是否可以增加國防預算，滿足整體國防所有需求？

## 北京也需轉換思惟，正視台灣轉變

**問**：中共正逢建黨百年，其歷任領導人都將台灣問題視為歷史使命。現今北京對處理台灣問題，會有哪幾項選擇？

**答**：沒有一位中國領導人會說他沒有實現統一的意志，而且，習近平似乎愈來愈不耐煩了。

我的看法是，北京的政策很糟糕，完全誤解了台灣人民的心理、台灣人民的利益和台灣人民對尊嚴的渴望。一國兩制從未流行過，今天更不受歡迎。那麼，台灣人為什麼要考慮（一國兩制）呢？

我認為北京有幾個選擇。

一種選擇是回到與馬英九總統時期相同的做法：「說服」台灣人民，逐步走向統一，是符合他們利益的。不過，如你所知，這種方法在二〇一四年左右，就愈來愈不受歡迎了。

我不能排除這樣的可能性。比方說，國民黨產生了一位新主席，習近平就可能會回到「勸說」；但我認為，這將更加困難，基本問題是北京對「一國兩制」的堅持。

第二種選擇是戰爭。這很難，首先，中國領導人必須假定美國會干預；其次，即使戰爭成功，實現統一，對台灣的損害可能很巨大，對中國聲譽的損害，也將是巨人的。

第三種選擇，基本上是在說服和戰爭之間，就是我之前提到的「非暴力脅迫」，各種手段瞄準的不是台灣島本身，而是台灣人民的心理，打擊他們對未來的信心。

這樣做風險較小。這當然需要更多的時間去運作，效果也不好評估。但這似乎是他（中國）認為在目前情況下最好的方法。同時，他利用大量的內部宣傳來說服人們，中共的政策遲早會成功。

還有一個選項在理論上存在，但我不確定北京是否考慮過，這個選項就是接受「台灣已經發生了很大變化」的事實。「一國兩制」是上世紀制定的，北京對台政策要成功，必須因應台灣社會的深刻變化。它將不得不調整對台灣的態度，提供一種更為台灣人民所接受的方法。

我還沒有看到任何證據，表明中國正在考慮這個選項，因此我說「理論上」。但我認為，為了和平，這最終是北京最佳選擇。

## 國民黨得以「新論述」加入賽局

**問：**近年國民黨似乎逐漸喪失議題主導性，這是否導致政治議題的更大失衡（如兩岸關係）？你認為國民黨還有機會重回舞台中央嗎？

**答：**國民黨也許是歷史上最有韌性、也最長壽的政黨之一，它屢屢從災難中站起來。

我們不能說國民黨將永存，但沒錯，台灣確實需要一個有效的反對黨。國民黨內部也有一些分歧，過去是能夠處理的，我確實認為國民黨還有機會。

國民黨必須適應台灣目前的形勢，並努力擬定大陸政策，找到一個大多數台灣人都能接受，且北京也能接受的方案，這應該是目標。

原載於二〇二一年八月《遠見》第四二二期。

# 台灣沒有太多犯錯空間

文／傅莞淇

裴洛西訪台在美國掀起了正反兩極的聲浪，事實上，裴訪台前，當地軍方就表態不贊成，事後，許多外媒與觀察家，更批美國總統拜登讓台美關係從戰略模糊陷入戰略混亂。殊不知，六月，研究中國、台灣及東亞國際事務數十年的美國資深外交官卜睿哲接受《遠見》視訊專訪時，早已針對拜登處理美中台關係，有了預知性的見解。

他認為，夾在美中兩大國的博弈遊戲中，台灣能做的其實很有限；但仍存有一些行動選項，有助於降低武力犯台的機率。

## 盤點國防策略，布局人力、財力

卜睿哲描述，在國際關係上，如果A國承諾，會在C國威脅時協防B國，而B國也深信會是如此，自然就會認為自己應該可以降低國防準備。「但反問，如果台灣人民都沒有犧牲性命、保衛家園的意願，能期望美國年輕男女，為台灣與中國的戰爭捐軀嗎？」

此外，卜睿哲認為，若中國真正發動攻擊，台灣民眾的反應不一定會與民調結果雷同。而台灣領導階層必須清楚地讓民眾了解，自己面臨什麼樣的風險，認知到有效的防衛，將會需要吸納更多人力及資金，進而透過民主制度，做出資源分配的困難抉擇。

目前的國防體系，能否在短期內吸收大量入伍者？再者，現代戰爭科技門檻較高，一般民眾無法靠著短期訓練，就即刻成為可用的戰力。卜睿哲提醒，這都需要長遠性的布局，建立理想制度。

## 正確認知政經風險，及早因應

卜睿哲建議，台灣民眾需要深入了解自己面對的政治風險，才能準確評估現況，精準回應與準備。可從以下三大面向切入。

**第一，台灣經濟、政治的歷史背景及資產**。

二戰以來，台灣不僅在數十年內，創造了經濟奇蹟，從貧窮的農業社會，轉型為中產階級社會，更完成了民主轉型。「一旦戰爭，無論是在經濟層面或民主制度上，台灣可能失去的，會很多。」卜睿哲說。

**第二，中國對台的野心**。

中國期望在一國兩制的框架下融入台灣，而香港的現實，證明了北京對真民主並無興趣。因此，了解一國兩制在香港失敗的原因，以及這樣的設計，與台灣目前民主制度之間的差異，是相當重要的。

**第三，美國與台灣之間的關係**。

卜睿哲認為，整體來說，過往七十年美對台的支持是穩固的。近來幾任台灣政府，亦能設定符合美國利益的政策，此有賴於台灣對美國、對美台關係發展歷程的正確認識。

企業方面，卜睿哲支持台灣企業加強對政經風險分析的投資。對於像台積電這樣規模的公司，直接招聘擁有政治經濟學專業的商業情報分析人才，是個合理的決定。資源較有限的公司，也可以借助國內外的風險評估公司，提供類似的顧問服務。

## 美、中關係緊繃，未必對台有利

近年美、中關係因貿易戰、人權矛盾與地緣角力等因素，日趨緊繃，台灣自處的條件也更加嚴峻。

與中國對立感明顯的前總統川普卸任後，和習近平相識已久的拜登，遺憾地未能扭轉美中關係惡化的態勢。

回顧二〇一一年，身為歐巴馬副總統的拜登訪中時，便與時任國家副主席的習近平會面，並一同前往四川。隔年，習近平訪美時，拜登亦陪同他前往洛杉磯。

因此，對習近平來說，二〇二〇年勝選的拜登，是一名他更熟悉的總統，個性上可能也不如川普那樣難以預測。外界曾有一絲希望，認為在拜登領導下，美中關係能趨向緩和。但結果並未如人意。

卜睿哲指出，這顯示拜登無法憑一人之力，扭轉雙邊關係的軌道。原因之一是過去十年間，美國社會認為美、中兩國利益相衝突的看法漸趨強烈。

另一個可能的因素，是拜登政府中的部分資深成員，過往也曾服務過歐巴馬政權。在歐巴馬第二任期間，美方感到中國較無合作意願。切身經歷過這段時期的官員可能認為，他們曾對中國釋出和解善意，但成效不佳，還可能受到利用。如今，面對中國政府的態度便更加戒慎恐懼，也會更加懷疑中國的意圖。

但這並非無法改變，更不代表美、中沒有合作的空間。卜睿哲表示：「如果美國與中國走向恆常的衝突，將會是一大悲劇。其中一個原因是，台灣也會在這其中受傷。」

卜睿哲指出，兩岸問題本質上是政治問題。這個政治問題，又因為各方對現況的看法不同，而更加難解。再者，即使這個政治問題有好的解決方案，也勢必將是一條妥協性的出路。各方政府、領袖願不願意做出自己部分的讓步，又是另一個問題了。

## 中對台策略第三條出路：非武力脅迫

不過，卜睿哲觀察，有幾項因素顯示，台灣不太可能步上烏克蘭的後塵。首先，比起武力，和平協商仍是中國促成統一的主要途徑。以近期目標而言，中國更重視抑制台灣獨立、削減美國對台支持，勝過強迫統一。

其次，除了「武統」與「綏靖」，中國對台策略還有第三條出路，卜睿哲稱為「非武力脅迫」。自二〇一六年以來，中國藉此手段打擊台灣社會信心，引導民眾接受自己終將走向統一的命運。

卜睿哲也指出，美國介入軍事衝突的可能性、加上台灣海峽的阻隔，都提升中國入侵的難度，因而發揮了穩定兩岸局勢的作用。

但台灣依然面臨著一場中長期的存亡挑戰，也沒有太多犯錯的空間。卜睿哲於專訪中有感而發地說：「職業生涯中的大部分時間，我或多或少都在研擬這個問題。但我覺得，我現在知道的比之前更少了。」

原載於二〇二二年九月《遠見》第四三五期。

# 美中若爆衝突，台灣絕不會受益

文／簡嘉宏

中華民國將在二〇二四年一月選出新總統，面對台海現狀詭譎、美中對抗態勢嚴峻，這位新任的台灣領導人，要將人民帶往何處？台海和平是否愈來愈不可得？台灣人對外在環境，應該要有怎麼樣的認識？

為此，遠見・天下文化事業群特地邀請美國在台協會前理事主席卜睿哲訪台，於二〇二三年三月二十日舉辦論壇，針對美中台三方關係進行聚焦討論，廣納社會各界賢達意見，供讀者與執政者參考。

這場主題為「逆全球化，台灣面臨『艱難選擇』」的論壇，第一場研討會名為「兩岸關係與人民福祉」，由卜睿哲、台北論壇基金會董事長蘇起兩人先後發表專題演講後，緊接著由遠見・天下文化事業群創辦人高希均、卜睿哲、蘇起三人共同參與深度的對談，進行意見交流。

卜睿哲在這場三十分鐘的演講中，一開頭便表示距離上次造訪台灣已相隔三年半，是間隔最久的一次，感嘆並懷念在這段期間不幸去世的朋友，包括沈呂巡大使、李應元博士和朱雲漢博士。

## 觀察1〉政治介入太深，政策難推動

卜睿哲自承，他在撰寫《艱難的抉擇》時，試圖解釋台灣政治制度的難題。他以能源政策為例，台灣工商界都希望獲得穩定廉價的能源供應，消費者卻又希望低電費，核能是低碳源，對核能發電議題，國民黨和民進黨間始終存在政治分歧，當二〇二五年淘汰核電時，台灣的溫室氣體排放水準可能會惡化。

卜睿哲提醒，政治力量的拉扯在能源問題上無法讓台灣內部形成最佳、平衡且持久的政策共識，政治介入太深，對制定有利全民的解決方案沒有任何幫助。

## 觀察2〉留心全球化的「創造性破壞」

接著，卜睿哲討論逆全球化議題，他認為全球化和貿易自由化同時造成了極大的破壞性，出現了贏家和輸家，也就是所謂的「創造性破壞」（creative destruction）。在全球化的經濟中，每個國家都希望創造會超過破壞，但這並不一定發生。全球化和自由化可能在失業的經濟體內造成國內政治緊張，川普可能對國際貿易的基本原理一無所知，但他在二〇一六年的選舉中巧妙地操縱了這種紛擾。

這些趨勢對台灣產生了獨特的影響，現在，民粹主義情緒在台灣社會中蔓延，其中一個結果是，太陽花運動發生九年後的今天，就算明顯符合台灣的利益，台灣仍然缺乏一個批准可能與中國大陸達成經濟協議的機制。

最後，卜睿哲論及愈來愈受國際重視的兩岸關係時，他歸結出兩種政策傾向。第一種是對中國大陸的安撫和接觸，第二種是出自恐懼的警惕和威懾。自二〇〇五年以來，第一種選項一直是國民黨的首選，而第二種選項已經是民進黨的首選。

現在讓卜睿哲最擔心的，是美中軍機船艦萬一不慎擦撞，兩國政府無法避免戰爭。其次，儘管台灣與美國緊密結盟，但台北定義國家利益的方式並不一定和華府相同。第三，美國兩黨一致的反中共識開始發酵，中國境內的民族主義正在崛起。

卜睿哲直言，如果美中關係繼續惡化，台灣絕不會從中受益，台灣政治人物不能自滿、容忍僵局，甚或甘犯嚴重的政策錯誤風險。他認為台灣的政治領袖應該齊聚一堂，利用創造力制定一套連貫的政策，用以應對兩岸關係的所有挑戰，因為，一個分裂的台灣社會，將使自身的國際處境更加脆弱。

## 觀察3〉美台應聯手拉高中國進犯成本

在為時約二十分鐘的深度討論中，高希均、卜睿哲、蘇起聚焦在「兩岸關係與人民福祉」專題主旨上。高希均教授直言，聽完卜睿哲、蘇起的演講後，讓他對兩岸局勢的未來感到緊張。

出席這場論壇的前參謀總長李喜明將軍率先提問。他說，現在來看，兩岸局勢瞬息萬變，俄烏戰爭爆發屆滿一週年，台灣人民愈來愈關切，當台海發生衝突，美國是否會馳援？在美台目前缺乏協同作戰、即時情報分享、聯合指揮系統的情況下，美軍到底會如何做？

卜睿哲表示，他沒有內幕消息，不過美國二〇一八年將總部位於夏威夷的「美國太平洋司令部」（United State Pacific Command）改制為「美國印太司令部」（United State Indo-Pacific Command），就是為了因應日趨緊張的印太局勢，負責制定印太戰區的各項軍事行動與訓練，如果美軍要馳援台海衝突，就由印太司令部出動軍隊。

其次，美國總統出兵要諮詢國會、相關官員，同時了解戰爭是否由中國大陸發動，因為這牽涉到美軍在印太戰場的整體部署。

第三，就目前看來，中國大陸目前的方針就是非軍事恫嚇（Intimidation without violence），對台灣發動心理戰，台灣人民對兩岸未來愈感悲觀，中國的恫嚇就愈有效。北京威脅恐嚇蔡政府的程度日趨增強，美軍馳援台灣的難度也隨之增加。就如同蘇起演講內容所提及的，美國若要馳援台海戰事，至少必須花費數週的時間。

唯一能肯定的是，台海戰事開打後，時間將不利於台灣和美國，因此台美兩國應致力增加中國發動台海戰事的成本，藉以爭取時間。

## 觀察4〉亂世之下，領導者特質很重要

卜睿哲也被現場觀眾問及，中國身為聯合國安理會永久會員國之一，台灣議題能否在聯合國中解決。他強調，就是因為中國大陸是安理會永久會員國，它只要發言表示「這是我們的內政事務」，不但具有正當性，更會讓其他西方國家啞口無言。

另外，卜睿哲也提醒，不論是美國、台灣，或是中國大陸，領導者特質都非常重要。

對此，高希均呼應，先不論政治領袖，論壇現場就有許多企業領袖出席，他憶及《遠見》過去二十年舉辦了二十屆的遠見高峰論壇，約莫在二〇一八年，開始選拔年度「君子企業家」，除了獲利能力，更講求道德標準。

曾獲此獎的鄭崇華、童子賢當日均出席論壇，高希均盛讚他們都是領袖中的領袖，領導力（leadership）對於企業或國家都是關鍵中的關鍵。

## 觀察5〉美中台共識愈大，和平機會愈大

日前，中國努力促成伊朗與沙烏地阿拉伯兩個世仇國家重新恢復外交關係，中國國家主席習近平二十日也前往俄羅斯會見普丁，設法調停俄烏戰爭，中國積極扮演全球和平使者角色，對於兩岸和平有何啟示？

卜睿哲表示，不論是伊朗與沙國的齟齬、俄烏戰爭，這兩場衝突或戰事的源起不同，因此，需要的解方也不同，無法類比至兩岸衝突，但他衷心期盼兩場戰事能夠和平落幕。

尤其是俄烏戰爭，卜睿哲認為停戰的前提必須堅持維護烏克蘭的領土完整，但普丁對此有不同打算，所以就算習近平努力扮演調停人，仍存有難度。

卜睿哲希望兩岸局勢趨於緩和，但美中台領導人都必須「抱最大希望，做最壞打算！」（Hope for the best, prepare for the worst!）

論壇的最後，卜睿哲補充，美國國會議員一九八〇年代曾經來台灣拜會康寧祥，對於兩岸現勢、台灣民主化、人權等重要議題交換意見，他認為這是很好的做法。

美國需要持續與台灣人民交流，聆聽不同的意見，了解台灣的處境，更重要

的是，美國必須了解如何因應這些改變。他希望能夠回到美中台三方都能磨合出共識的時候，屆時便是世界和平之福。

原載於二〇二三年四月《遠見》第四四二期。

對台灣來說，最艱難的政策取捨，就是如何一邊處理跟中華人民共和國的關係，一邊維持經濟繁榮與競爭力，繼續過美好的生活。

——卜睿哲，《艱難的抉擇》，頁四七〇。

普立茲新聞獎得主

# 湯馬斯．佛里曼

# Thomas L. Friedman

出生｜1953 年
現職｜《紐約時報》專欄作家
學歷｜牛津大學中東研究碩士
經歷｜《紐約時報》專欄評論家
榮譽｜普立茲新聞獎三度得主
著作｜《世界是平的》（***The World is Flat***），雅言文化，2005/11/23
《謝謝你遲到了》（***Thank You for Being Late***），天下文化，2017/01/20
《世界又熱、又平、又擠》（***Hot, Flat and Crowded***），天下文化，2020/05/08

# 台灣不要輕信華府政客的甜言蜜語

文／李國盛

湯馬斯・洛倫・佛里曼（Thomas L. Friedman），普立茲新聞獎的三屆獲獎者。他曾多次訪台，對於美中台關係極為關注。他也是全球化先驅，二〇〇六年的著作《世界是平的》成為全球爭相拜讀的全球化趨勢經典。

十二月中旬的美國大選勝負決定後，勝選後的拜登，將第一次專訪給了佛里曼，此次《遠見》越洋專訪佛里曼（並與前國安會祕書長蘇起教授進行對談）也是佛里曼在大選後首次接受華文媒體專訪。

為了便於閱讀，我們將蘇教授、《遠見》創辦人高希均教授，及記者提問，整理成問答形式呈現。

## 川普下台後，美國療傷路仍長

愈來愈大的貧富差距、激化的種族問題，以及日趨迫切的美中挑戰。從世界獨強到中國的競逐，美國國力的變化讓世人格外關切這次選舉。

**《遠見》問（以下簡稱問）**：請談談您對大選的觀察？

**佛里曼答（以下簡稱答）**：這是美國史上最多人出來投票的選舉，且這場選舉是在疫情肆虐之下舉行，因此這是最好的時刻。

但在此同時，也是最壞的時刻，因為落敗的現任總統川普拒絕承認結果。這也讓這場選舉從「拜登對決川普」變成「川普對抗憲法」。憲法很重要，書面化的條文很重要，但當有人不顧廉恥，決定要違抗所有常軌，所有明文條列的法律都很難保護人民權益。

**問**：他仍然拿到了七千四百萬票，原因在哪裡？

**答**：首先。這個與資訊傳遞的生態有關，共和黨人處在同溫層中，他們看固定的電視台，跟同是川普支持者的群眾相伴，就像住在泡泡裡一樣。

有人說自由派（民主黨）也是一樣，但如今的共和黨有一種抗拒美國人口變化的傾向，特別是美國正由白人為主的社會變成少數族裔主流的社會。黑人、棕色人種、亞裔和美國原住民在二〇四〇年就會變成人口上的多數。

二〇二〇年很重要，開學後，史上首度見到黑人、棕色人種、亞裔和混血的孩童總數超過了白人。這個趨勢讓我們可以預視二〇四〇年的景況，一如我在《謝謝你遲到了》一書中所提的許多正在加速發生的改變。

在這些族裔、性別認同和其他議題的改變中，川普出現了，他說：「我可以阻擋風潮。」對川普來說，「牆」是個重要的隱喻，牆阻擋的不只是墨西哥人，是改變！

此外，二〇二〇年民主黨內的左派高喊「刪減警察預算」也招致相當反感，美國人想要有更好的警察，而不是不給警察預算。由於上面種種原因，川普拿到很多票；此外，他是非常厲害的政客。

**問**：在過往時代，許多美國研究所同學、朋友間，民主黨和共和黨支持者彼此通婚，當時可能不同宗教間不通婚。現在似乎改變了。

美國資本主義的發展，比民主遇到的問題更令人憂心。持續擴大的貧富差距，川普和之前的總統都未能著手處理，拜登最近提到「財星五百大企業」中，有五分之一沒有繳任何稅，拜登願意面對這些問題，值得肯定，因為如果問題不解決，民眾的憤怒無法解除，最終也會激化政治問題？

**答**：六成美國人的實質收入從一九八〇年以來就沒有上升過，但頂尖的四〇%則是愈來愈好，這樣的狀況無法持久。這也是拜登贏的原因之一，我希望他著手面對問題，讓資本方和勞動者之間的平衡能夠找回來。

## 分裂的美國，如何再次團結？

從歐巴馬的副手，到集合反川普希望的總統候選人，「老好人」拜登的領導風格正是美國所需。

**問**：你覺得要找回所有人對於美國制度的信心和尊敬，要花多久時間？

**答**：川普是個非常「不常態」的人，幾乎讓我們忘記「常態」應該是什麼樣子。一旦政府由常態的人主政，常態很快就會回來。我認為只要一年時間，我們就會看到過去熟悉的政府回來了。

如果你回頭去看我和邁可．曼德鮑（Michael Mandelbaum）合著的《我們曾經輝煌》（天下文化二〇一二年出版），答案就在書裡。

美國曾有過成功方程式，美國過去有最豐厚的政府資助，推動物理、生物和化學研究的進步，然後，美國企業就可以享受成果，成立讓人刮目相看的新公司。

最豐厚的政府資助、最棒的基礎設施、最好的教育系統、最開放的移民政策，讓我們得以招募全世界最好的人才到美國創業、到美國教書。此外，我們還有獎勵勇於承擔風險的規則。

但我們不再這樣做了，我們開始內耗。我們開始把政治當成體育活動、把政治當成娛樂，而不再把政治看做是嚴肅的議題。政治應該是著重如何看待未來、如何向前、如何凝聚共識去做聰明的大事。政治娛樂化的結果，就是我們最終選擇了一個人在電視上「扮演總統」。

美國跟我們過去認知的美國不一樣了，如今美國作為愈來愈愚昧：「不相信科學，不相信疫苗，不相信地心引力，我想幹什麼蠢事就幹什麼蠢事。」

## 比起一黨專政，更擔心一黨民主

**問：**民主也面臨許多挑戰，就連假新聞、社群媒體都挑戰了原有機制運作、人們認知的方式。你看到解決之道了嗎？

**答：**比起一黨「專政」，我更擔心一黨「民主」。像中國這樣的一黨專政，你的領導人至少相信物理和工程，當然他們不相信人權，但如果你的領導人夠聰明，你至少可以由上而下指揮，去做對的事。中國做的事有些事是錯的，有些是對的，但理論上，一黨專政的領導人還是可以做很多事。

但像我們擁有的一黨民主，卻無法成就任何事。因為我們制度是分權的，假定彼此分權，卻能妥協去成就大事。但當你無法為了做大事而妥協，這樣的多黨、兩黨民主就什麼事也幹不成，這就是美國現狀。

在過去十五年間，我們什麼大事也幹不了，重大且困難的任務，必須要很多人一起完成，這就是為什麼我說「比起一黨專政，我更擔心一黨民主」。一黨執政，另外一黨拚命搞破壞，就是美國所發生的事。

**問：**拜登勝選後，第一場專訪給了你，你對於拜登的領導有何期待？他會成為有效率的領導者嗎？有人說：他看來似乎是好人，但可能不是強力的領導者。

**答：**我認為拜登之所以勝選，是因為人們理解到這個國家分裂了，而拜登可以讓人們團結起來。我們可以問問南卡的黑人女性，為何支持拜登？（拜登在黨內初選，首場初選勝利就是來自南卡州）因為他們直覺，他是最有機會團結國家的好人，在仇恨橫行的時代，他是最不可能讓人討厭的人。（Biden is a man who is impossible to hate in an age of hate.）這樣的特質對他幫助很大，我非常確定他就是此刻需要的人。

**問：**若對拜登提願望清單，希望他優先著手哪些事？

**答：**許多議題都很重要，但最重要的是重建「社會信任」，沒有社會信任就什麼事都幹不成。我們也需要重建真相，沒有真相，我們不知道往哪走。沒有信任，我們無法一起走。因此，「信任」和「真相」是我們民主的基石，在過去四年被消蝕了。

## 取代川普，拜登有抗中新策略？

美國執政當局的變化，牽動美中台三方關係，當拜登取代川普，台灣和中國又該如何因應？

**問：**你很了解中國，也很了解美國，兩國可以重建信心、彼此交換訊息、信任和真相嗎？

**答：**美中關係剛剛走過一個大時代，從一九七九年到二〇一九年，兩國在一種不自覺地彼此整合的時代。

美國企業可以隨時說要去中國設廠、在中國找尋生意夥伴和供應鏈，甚至是讓子女去中國讀大學，或是讓美國的大學去中國設立分部。

反之，對於中國企業亦然，中國企業也可以到美國做生意，甚至說，我的股票想要到那斯達克上市。四十年間，美國和中國變成「一國兩制」。在這段時間內，全球也變得相對繁榮穩定，這其中，美中的彼此整合是重要原因。這段大時代如今結束了，原因在哪裡？

要了解原因，首先要搞清楚中國是如何從貧窮發展為中度所得國家的。首先，那是中國人努力與聰明規畫的結果。但在此同時，過去四十年直到此刻，中國也到處「上下其手」，包括竊取科技和違反著作權規定。美國企業對這點非常清楚，但美國人認為，反正我們有賺錢。因此，企業要政府不要管（中國）太多，但這一點，在過去五年間改變了。

如今的美國企業，要求公平的商業條件，也因而改變了雙邊關係。

第二點，我來往中國三十年了，這個國家比當時開放許多。但在習近平的任內五年，中國變得封閉，社會變得更緊縮。這是一個翻轉。

第三點跟美中貿易的本質有關。在過去四十年間，中國賣給美國「淺層」（shallow）商品，衣服、鞋子、襪子甚至屋頂的太陽能板都是。我們則賣給中國「深層」（deep）商品，電腦、軟體、晶片，這些產品深入中國社會、企業、家戶和政府。中國之所以買這些「深層」商品，是因為他們在別的地方沒得買。

對美國來說，當我們只購買他們淺層商品，我們不需要去關心他們的政治系統。但當過去的五年之間，中國有能力製造深層商品，再賣給我們，而在此同時，彼此關係信任卻不足，這就是華為事件的本質。

雙方如要重享過去四十年的關係，彼此必須在共有的常軌和價值上達到基本的理解。

**問：**中國人認為，美國曾經對中國很大方。但當中國變得強大、富裕，美國態度就變了，變得強硬，其中最強硬的就是川普。

**答：**川普不是美國人應得的總統，卻是中國活該要面對（deserved）的總統。必須有人站出來說：「暫停一下，我們不再這麼做了。」川普在貿易上對中國畫了一條紅線，這是極為重要的，也是對的事。

但在此之外，其他事就做錯了，他不該把與中國打交道，變成「川普對抗習近平」這種雙邊對抗。當這樣做，就讓中國民族主義者都站到習近平那邊去了。

我認為，拜登將會採取較聰明的方法，就是把它變成「整個世界和中國的對抗」，無論是全球商業規則、常軌或價值議題上。當你把情況轉變為世界在貿易和商業的通行價值上和中國對抗，就可以爭取到中國的改革派，因為這些改革派也想看到改變。

## 地緣政治風險，台灣切莫輕忽

**問：**過去幾個月內，我們花了不少錢買武器，特別是因為台灣和中國關係變得危險。美中恢復對話是台灣的希望。目前台灣和中國彼此不對話，這樣的狀況是前所未有的。在此同時，美國馳援台灣的能力正在下降，因此，台灣應該格外謹慎，同時把希望放在中國和美國身上？

**答：**從我第一次造訪台灣到現在，台灣改變了很多，但有一點永遠不變，那就是台灣的地理位置。

台灣面對中國，如果台灣人錯估了自己地理位置，可能會發生嚴重的問題。你所說的「謹慎」，就是我會用的詞。要很謹慎，不要上華盛頓那些人的當，你給他們錢，他們就說你想聽的話，說你很棒，說「我們會來救你」，說「我們要給你武器」，我不會相信這些話，我會非常小心——特別在此刻。

## 習近平要謙虛，大國不該擔心被批評

**問：**你如何評價習近平？你給他的建議是什麼？

**答：**雖然新冠疫情顯然由中國開始，中國應對的措施顯然非常有效。疫情剛開始的時候，許多人抱怨習近平，但在看到中國經濟回穩後，我相信他們評價會不同。如果我要給習近平建議，那將會跟我給台灣的建議是一樣的，就是「保持謙遜」。

保持謙遜，不要讓你的外交官對澳洲人指指點點，告訴他們什麼該做什麼不該做，一個強大自信的國家不該擔心別人在批評什麼。中國有很多可以自傲的地方，但在此刻，一點點謙遜會對他比較好。不然中國就會看到反效果，這樣的反效果正在全世界醞釀。

## 世界更加平坦，個人也能採取全球行動

**問：**您還認為「世界是平的」嗎？

**答：**我幾乎每天都被問到這個問題，我的答案是：世界比以往更平坦。我此刻坐在貝賽斯達（Bethesda）家中，你們在台灣，就算不能跟你們真正在一起，但效果大概也有八五%，我們正在溝通。

今年（二〇二一）也是 Zoom 軟體的首發年，想像一下再給他三年時間，這

個軟體會變成什麼樣子！透過軟體，我們的溝通能夠達到什麼境界，這些都在使這個世界更加平坦。當我寫「世界是平的」，我翻轉了部分經濟學家全球化就只是貿易的看法。

他們認為貿易變少了，全球化也就衰微了，但這不是我的看法。全球化不只是貿易，而是在於能夠採取全球性的行動，全球競爭、連結和全球合作。

因此貿易可能會減少，但我仍可以透過Zoom和《遠見》的朋友溝通，如今我們都可以用更多種方式、更經濟也更輕易地採取全球性行動。這才是我說的全球化，如果你以這種方式衡量，你會發現貿易或許下降了，但全球化卻爆發了。

更重要的是，過去你必須是一個國家或企業才可能「採取全球性行動」，但如今我們一小群人就可以這樣做，而且不用花錢，所以，世界比以往更加平坦。

原載於二〇二一年一月《遠見》第四一五期。

# 中國是熊，也許有天能學會唱歌

採訪／傅莞淇、林士蕙
整理／林士蕙

今年（二〇二二）八月，當美國聯邦眾議院議長裴洛西宣布訪台，中美台的緊張情勢來到新高點。隨後，中共軍演頻頻，讓在台外商驚慌思考撤資計畫。而高調談台美關係的拜登政府，卻帶來一波波的晶片禁令，即便是台灣最有競爭力的半導體產業，也已在這場中美對立冷戰中進退失據。

到底，台灣該如何在空前詭譎的中美台關係中自處？誰能提出最誠懇的建言？

曾多次訪台、著有倡議全球化經典《世界是平的》、《謝謝你遲到了》等書的國際情勢專家湯馬斯・佛里曼，對中美台關係有著深度理解。在裴洛西訪台前夕，他便在《紐約時報》專欄上發表文章，直言這事件背後將引發的多重危機，將對台灣帶來空前衝擊，要台灣政府小心。

而在十月舉行的第二十屆遠見高峰會上，佛里曼也藉著視訊演講，完整表達了他對於近期中美台關係變化的觀察心得。

## 談拜登對中政策——半導體禁令，遠比川普時期嚴苛

首先，牽動中美台關係的關鍵人物，自然缺少不了拜登總統。其實，在拜登競選時期，眾多政壇專家曾公認作風溫和的他，在上任後，將推翻前朝川普的中美對立政策思惟。

沒想到，二〇二一年初就任至今，美國從政府到民間的反中思惟，只是愈演愈烈。甚至，拜登對中國發布的新一波半導體禁令，還遠比川普時期嚴苛。

在拜登甫上任時，佛里曼便曾與這位新任美國總統做過深度專訪，他坦承自己當初就是投票給拜登，至今沒後悔。他並表示，拜登就是許多美國人期待的、擁有寬大胸襟的領袖類型。例如：最近他到佛羅里達視察當地颶風災情，就能和政敵佛州州長德桑蒂斯（Ronald Dion DeSantis）相處融洽。

只是，他觀察拜登的中國政策，確實多是延續川普時期作為，甚至在防堵美

國技術轉移到中國的部分還更強硬。這背後成因，他認為是和中國近年在科技與經濟上都已全面崛起，被美國視為威脅，有很大的關係。

## 談美中關係——曾「無意識融合」，如今缺乏互信

而談到中美這幾十年來從陌生到合作，又再突轉為惡化的關係演變，身為國際關係專家的佛里曼解讀，一九七九年至二〇一九年，中國與美國曾開啟了所謂「無意識融合」的時代。

那時，美中兩國之間並無戒心，許多規定都不嚴格。你若是美國工廠老闆，想在中國建廠，就去開一家工廠。你想聘雇中國員工，就聘雇中國員工，沒有禁令等著你。同樣地，若你是來自中國的商人，讓你的公司在那斯達克上市，或是想收購美國企業，都可以自由地去做。

在那段期間，中美合作關係，正是整個世界迎向全球化的核心。佛里曼認為，這對世界產生了兩個非常重要的影響。其一是，在這四十年間，雖偶有戰爭，但沒有像今天這樣的大國衝突。第二是，數百萬的中國人脫貧，中國也從貧困逐步發展，成為一個以中產階級為主流的強大國家。

不過，當時在美國人心中，中國就是只懂得賣襯衫、襪子等「淺層商品」的國家，不具威脅性。但當中國捧出華為等全球頂尖的科技公司，可以賣5G這種「深層商品」給美國時，美國人就意識到威脅了。

畢竟，跟賣襪子不同，中國一旦要賣這類深層商品給美國，兩國必須有高度信任關係才行。例如：要讓華為在美國各地搭設5G網絡，或是在美國人臥室裡引進中國打造的聊天機器人軟體，如何信任他們不會藉機做出不利於己的事情？絕對是美國會嚴肅思考的議題。

另外，愈來愈多美國企業認為，在中國做生意沒受到足夠的保護，比如專利常被盜用；許多商業訴訟對美企不利，這也是讓美中關係漸行漸遠的原因之一。

不過，佛里曼認為，美中關係還沒到全面惡化的階段，只是信任關係還不穩固。而以他這個傳統的自由派人士而言，他還是期待美中這兩個世上最強大的經濟體，應該要有良好的互信關係。

最好的方式，就是從兩國領袖的直接溝通開始。他強調，習近平與拜登最好現在開始，每週五都通一次電話，而不是每個月或每半年。這樣頻繁的溝通頻率，才有辦法開始讓這兩大強國，把話說清楚講明白，逐漸建立深厚的合作共識。

## 談台灣優勢——成為值得信任的夥伴，台積電是典範

無論如何，美中關係比以往惡化，是不爭的事實。台灣身為中美台三角關係中的最弱勢者，已出現各種苦果。早在二〇二一年，權威媒體《經濟學人》就直指台灣因美中對立，已是世上最危險的地方。佛里曼又如何看待台灣當下的處境？

「從我第一次到訪台灣，這三、四十年來，台灣改變真的很大。唯一沒變的，是你們的地理位置！」佛里曼以老友般語調提出誠懇呼籲，別忘了台灣一直位處在中國這個巨大敵人的旁邊，每天都得小心翼翼，是早已注定的命運。

佛里曼認為，台灣過去許多事情都做得很好，例如全心發展經濟與科技，光是在這個颱風頻仍的小島上，能建立起全球最頂尖的晶圓公司，就是中國與美國都做不到的。

佛里曼進一步分析，台積電之所以如此成功，是因為高通、蘋果、英特爾，都信任台積電。這些頂尖的科技企業知道，如果給台積電做那些設計，他們不會偷竊、不會分享，會生產達到要求水準的產品，製造出達到要求水準的產品。

而當中國想用武力占領台灣，進而占有台積電時，台積電的價值會馬上歸

零。這並不是因為廠房被占據，而是信任被摧毀了。

他強調，台灣就該走這樣的路，讓自己成為值得信任的合作夥伴。

只是，他認為，即便台灣有這樣卓越的科技公司與經濟成果，現在絕不是得以挑戰中共敏感神經的時刻。中共就像隻大熊，不知道何時會一下子用熊掌揮舞過來，擊滅台灣。台灣能做的就是低調。不過，台灣若能秉持過往的思惟，繼續專心發展經濟，同時遠離政治，就能常保安康。

## 談中國軍事危脅──採且戰且走策略，須智慧應對

然而，當國內愈來愈多民眾，希冀能靠著美國在軍事上捍衛島嶼安全，來面對中共威脅時，佛里曼擔憂這樣的期待會落空。在談到拜登總統近期指出，願意出兵協防台灣的言論時，他苦笑地回應說，台灣人若押寶美國會出兵協防，將是個糟糕的賭注。不是說完全沒希望，但他評估機率，最大不過就是五五波。

那麼，台灣若不靠美國，如何因應中共威脅？佛里曼用一個有趣的寓言故事來解說。

曾有個被國王判處死刑的人，跟國王提出建議說，如果國王能把自己的死刑

推遲一年，他可以在這段時間，教會國王的馬唱歌。結果真的得到國王應允，獲得一年的緩刑。

他的獄友問他，難道不擔心一年後還是得死嗎？這位犯人說，一年後的未來誰能預料呢？也許國王會去世，也許馬真的學會了唱歌。

佛里曼分析，台灣面對中國，能做的就是且戰且走，別給中共一個迫切需要毀滅台灣的理由就好。也許，中共會看在仍須仰賴台灣晶圓的分上，覺得暫時無需出手，也許就是看不出台灣的威脅性，打消念頭。佛里曼語帶玄機地微笑說，台灣這方面要懂得用智慧應對，也許真能盼到有一天，連熊都學會唱歌。

至於中美關係惡化，以及俄烏戰爭後，佛里曼多年來倡導的全球化，是否已因各國對立而停止？他並不這麼認為，反而舉出越洋視訊採訪時使用的 Zoom 工具表示，這就是全球化還在繼續的證明。

他認為，全球化指的不僅僅是貿易，而是具有全球化行為的能力。而今天，愈來愈多人藉著各種方式在全球靈活地活動。像是他透過 Zoom 這個在疫情後爆紅的視訊工具，人在美國，卻可以跟在台灣的記者溝通交流，本身就是一種全球化的行為。他相信，現在已有愈來愈多人，只是藉著智慧型手機，就能輕鬆地在全球範圍行動，從這點來看，全球化正欣欣向榮。

如此看來，這位倡議全球化的大師，在國際情勢更加緊張的此刻，對未來的看法依舊樂觀。

原載於二〇二二年十一月《遠見》第四三七期。

這世界變得又熱、又平、又擠，為這樣的世界找出解決之道，是一個偉大的機會，需要很多創新。沒有哪個國家比台灣站在更好的位置上，成為綠能革命的領導者。

——佛里曼，《世界又熱、又平、又擠》，頁三。

## 亞洲關係權威

# 傅高義
# Ezra Feivel Vogel

出生｜1930 年

學歷｜哈佛大學社會學博士

經歷｜哈佛大學費正清東亞研究中心主任、哈佛大學社會科學院榮譽退休教授

著作｜《日本第一》（*Japan as number one*），長河出版社，1980

《鄧小平改變中國》（*Deng Xiaoping and the Transformation of China*），天下文化，2012/06/01

《中國與日本》（*China and Japan*），天下文化，2019/11/25

# 兩岸問題不會留到下一代解決

文／劉宗翰

「拜登若當選，美中關係『會硬不會亂』；若川普連任，將持續『又硬又亂』！」

高齡九十歲、舉世公認的中國與日本研究權威、現居美國麻薩諸塞州的哈佛大學社會科學院榮譽退休教授傅高義，在白宮即將迎接下任主人的關鍵時刻，接受《遠見》獨家視訊專訪時，一語道出了他對美國大選後，美、中、台三邊關係的見解。

而在國人最關心的兩岸議題上，傅高義則特別呼籲蔡英文總統，不要只聽信美國單方面的聲音，得同時聆聽北京釋放的所有訊息，仔細解讀其中意涵，帶領台灣走往正確的方向。

甚至，眼見中國對台灣愈來愈沒耐心，傅高義更語重心長提醒蔡總統：「兩岸問題不會留到下一代解決！」「要非常小心！」

**領導人了解彼此，就能避免衝突、促進和平**

時序已漸入歲末，而紛亂了一整個寒暑的二〇二〇年，即便進入第四季，來自各地的紛紜擾攘，依舊方興未艾。舉凡來勢洶洶的新冠第二波疫情，以及去全球化後，由地緣政治助長的國族對峙、種族歧視，再加上牽動後二〇二〇國際政經局勢的美國大選，亦將於十一月初進行，在在都預言著世界將走向一個不平靜的冬天。

值此單邊主義盛行、孤立政策頓成普世價值之際，國際間到底該如何共榮互惠？成了時下亟待思索的議題。對此，傅高義以中日關係為起點，深入剖析國與國的互動之道，闡述全球地緣政治的發展軌跡。

曾任哈佛大學費正清東亞研究中心主任，身為猶太裔美國人的傅高義，不僅精通日語，也說得一口流利中文，著有多本關於中國、日本和亞洲研究的巨作，影響深遠。

一九七九年出版的《日本第一》，預告日本經濟霸權的來臨；二〇一二年的《鄧小平改變中國》，讓世界見證新中國的崛起，同年，他更應遠見・天下文化事業群之邀訪台，在首屆「星雲人文世界論壇」講述其五十多年來，研究亞洲各國發展的心得。

二〇一九年十一月，傅高義發表《中國與日本》一書，以近六百頁篇幅，從中國隋唐時代、日本大和政權談起，講述一千五百年來，中日的關鍵歷史事件，重新詮釋兩國關係。

由於在二戰烽火下成長，傅高義深感戰爭的可怕，堅信國與國之間的和諧，對世界穩定非常重要，「領導人若能彼此了解，就能避免衝突、深化交流、促進和平。」

當前中美關係高度緊繃，中國拉攏日本的態勢愈來愈明顯，加上美國總統川普主導的「印太戰略」中，日本的地位備受矚目，甚至扮演維持亞太平衡的關鍵角色。

傅高義坦言，日本在中美關係上，扮演著極具分量的溝通角色，中日關係的改善，有助於減少中美彼此的誤解。因此，歷史上，中日的互動模式，值得各國領導人參考。

傅高義指出，中日長達十五個世紀的交手，彼此因共享某些文化與歷史，情感深刻且複雜，雖然日軍侵華陰影未除，但多次透過交流與學習，摸索出亦敵亦友的互動之道。

他在《中國與日本》一書，將中日關係分為三大階段。第一階段為六〇〇—八三八年，日本學習中國、交流互惠；第二階段是一八九五—一九三七年，中國學習日本的西化經驗；一九七八—一九九二年則屬第三階段，中國獲日本經濟援助，大力發展經濟。

如今，中日都躋身世界強權，進入關係微妙的第四階段。

「現在中日兩國既競爭又敏感，但雙方關係已安定下來！」傅高義直言，一九九二年後期，中日關係時好時壞，二〇一〇年，是雙方衝突的最高點，起因於當年九月，中國漁船與日本巡邏船在釣魚台海域對撞，衍生中國船長被日方扣押的事件。

而在那一年，中國的GDP也首次超越日本，成為僅次於美國的世界第二大經濟體，加深彼此的矛盾。

二〇一二年，雙方又因釣魚台問題再度交惡。直到二〇一四年十一月，中日領導人（習近平與安倍晉三）在亞太經濟合作會議（APEC）會談後，關係才逐漸融冰。「兩國目前已從『政冷經熱』過渡到『政暖經熱』！」傅高義如此形容。

## 從「搭橋」到「管理橋」，中日重修溝通渠道

長期以來，中日維繫關係的祕訣是什麼？傅高義點出關鍵在於「搭橋者」。所謂搭橋者，意指熟悉對方社會文化、甚至有長久生活經驗的「文化使者」，能促進兩國的良性互動與發展。

中日之間最著名的搭橋者，首推前中日友好協會會長、中國外交官廖承志，他在中日尚未建交時，多次代表鄧小平出訪日本，搭起中日溝通之橋。

一九六二年十一月，廖承志銜命與日本企業家高碕達之助簽署《中日長期綜合貿易備忘錄》，建立了「廖高協定」，以二人英文首字母命名的「LT貿易」，更一度傳為美談。

「可惜在一九八〇年代以後，中日兩國的搭橋者逐漸退出歷史舞台，成為關係日趨緊張的原因之一！」傅高義感嘆。

如今，兩國看似缺乏通曉對方國情的搭橋者，該如何持續互動與溝通？

傅高義進一步分析，「多年來，中日在企業、學界甚至民間交流頻繁，已經

搭了很多橋，現在反倒不缺搭橋者，而是需要『管理橋的人』。」管理橋的人，必須是領導人授權的最高層級，最好也與民間關係良好、能接地氣，才容易促成全面性的溝通與交流。

中國國家主席習近平原定今年（二〇二〇）四月訪問日本，因為新冠疫情爆發而取消計畫。近期傳出中國外交部長王毅已安排訪日行程，並將與日本外相茂木敏充會談，可望再次促成習近平訪日。王毅居中穿針引線，就如同中方「管理橋的人」。

對於這位「管理橋」的角色，傅高義語帶肯定地說，王毅以處理日本事務發跡，是中國數一數二的日本問題專家，又當過駐日大使，熟稔日語與東洋文化，對中日關係深化很有幫助。

而在中國遞出橄欖枝之後，日方也出現一位「管理橋的人」——日本前內閣官房長官，被戲稱為「令和大叔」的新日相菅義偉，由他親自管理這座中日「溝通之橋」。

日本《共同社》報導，菅義偉當選首相後立即表示：「中日關係的穩定，對地區及國際社會極其重要，希望雙方共同負起責任。」他並與習近平進行電話會談，尋求兩國的高層接觸，希望為地區和國際的穩定促成共識。

在與習近平通話前，菅義偉也特別致電川普，重申美日同盟是地區和平穩定的基石，希望進一步強化雙邊關係。

傅高義認為，菅義偉保有日本領導人一貫的沉穩作風，也延續安倍晉三的務實路線，將對亞太地區的安定有所助益。

## 無論誰入主白宮，都會強硬對中

至於被喻為「史上最混亂的美國大選」，傅高義也以美國重量級學者身分，做出精闢觀察。

九月中旬，《華爾街日報》曾評論，美中關係已發生質變，無論誰入主白宮，都可能延續對中的強硬路線。尤其美國社會瀰漫一股反華情緒，迫使雙方陣營都對中國做出不少批判。

美國前亞太助卿、現任拜登團隊高級顧問的坎貝爾（Kurt Campbell）就曾表示：「民主黨內普遍承認，川普對中國掠奪性行為的評斷，大致準確。」這意味即使拜登當選，民主黨仍會延續抗中策略。

對於美國兩黨候選人對中國的態度，傅高義直言，川普若當選，會繼續強硬抗中，「又硬又亂」；相信拜登若入主白宮，會有智慧去修補美中關係，「會硬不會亂」，對世界局勢有穩定作用。

即使選前美國許多民調機構，預測拜登終會贏得大選，但傅高義提醒，由於川普之前的紀錄太差，若他落選，不知道會做出什麼樣的舉動，「全球要慎防十一月三日到明年一月二十日，美國總統交接的權力空窗期，這將是一段非常危險的時期！」

川普把美中關係搞砸，中國理應希望美國換黨執政，但仍有學者提出不同見解。華府資深政治觀察家布蘭杜斯（Paul Brandus）就曾為文指出，習近平或許比較希望川普連任，理由是川普不懂中國，人緣也不好，難以凝聚各國盟友支持，因此有利於中國；相較之下，拜登領導下的美國，較能獲盟友支持、創造多邊合作，制定與中國長期周旋的戰略，成為一股新興的抗中力量。

對此，傅高義研判，川普確實不太懂得與中國相處，也不重視美中關係。從美國歷來的對中戰略觀察，拜登是比較了解中國的人，也能改善美中僵局。

回顧歐巴馬執政後期，當時美國主要對中國採取兩大圍堵政策。一是透過《跨太平洋經濟夥伴協定》（TPP），對中國形成經濟圍堵圈；二是實行「亞太再平衡戰略」，使美國重返亞洲，是一項聯合南亞國家對中國進行圍堵的地緣政治戰略。時任副總統的拜登即以外交事務見長，也曾多次訪中，對中國國情有深入研究。

「迄今拜登身邊仍有許多通曉中國事務的人脈、專家，這些都將成為未來調和美中關係的助力！」傅高義說。

## 建言蔡總統，「對中國要非常小心」

對於台海情勢升溫，國人最掛心的兩岸關係，傅高義則給了蔡英文總統五字箴言：「要非常小心！」

川普政府雖頻對台灣釋出善意，但選後，無論誰當美國總統，還是會以自己國家的利益為前提，重新調整美台關係。

傅高義以「釣魚台歸屬」與「台灣主權」為例來說明。他研判，中國領導人雖然心繫釣魚台問題，但抱持較彈性的態度，傾向交給「下一代、甚至再下一代」去處理，五十年內應該不會有定論；然而對於台灣主權，中國領導人的立場始終相當堅定，也不見得有耐心，並非「下一代，再下一代」的推延邏輯，因此，台灣必須謹慎因應。

面對詭譎多變的國際情勢，傅高義深切呼籲，大國即使存在矛盾，但領導人仍然要努力讓「管理橋的人」浮出檯面，才能充分溝通、減少敵意，並且了解彼此、理解對方。

如此一來，國與國之間便能搭起一座座的「和平之橋」，攜手邁向共贏、共好的新時代。

原載於二〇二〇年十一月《遠見》第四一三期。

美國維持全球秩序的作用在降低，中國在全球事務中的地位正在上升，而中日兩國的關係也日趨穩定，這些都為兩國在地區和全球事務上加強合作提供了新的基礎。

——傅高義，《中國與日本》，頁四二九。

# 企管精粹

領導力——約翰・漢尼斯（John L. Hennessy）

果決——麥晉桁（John J. Mack）

創新——亞歷克・羅斯（Alec Ross）

判斷力——米歇爾・渥克（Michele Wucker）

史丹佛大學校長（2000~2016）

# 約翰．漢尼斯

## John L. Hennessy

出生｜1952 年

學歷｜美國紐約石溪大學（**SBU**）電腦科學博士

經歷｜美普思電腦系統（**MIPS Computer Systems**）公司創辦人、史丹佛大學第十任校長、**Google** 母公司 **Alphabet** 董事長、奈特－漢尼斯學者獎學金（**Knight-Hennessy Scholars**）創設主任

榮譽｜2022 年與其他專家共同獲得有「工程界諾貝爾獎」之稱的德雷珀獎（**Charles Stark Draper Prize**）

著作｜《這一生，你想留下什麼？》（***Leading Matters***），天下文化，2018/11/30

# 別浪費危機，疫後成為更好的自己

文／林讓均

「這一生，你想留下什麼？」或許，你曾這麼問過自己。但在新冠疫後時代，你的答案是否跟疫前大不相同？

在疫情爆發後的兩百多個日子以來，截至截稿日為止，全球確診人數已破一千五百萬人，死亡人數更上看七十萬大關。這場二十一世紀以來最慘的疫情，已改變許多人的價值觀，甚至開始懷疑人生。

## 危機領導三大要務──察覺需求、具同理心與勇氣

危難之中，領導人的角色更為舉足輕重。對此，曾是任期最長、達十六年的

美國史丹佛大學校長漢尼斯接受《遠見》獨家視訊專訪就有感而發：「危機時刻的領導人，要體認自己有三大要務！」

第一，要有察覺，即是看到你所服務的社區與人民的需求，並將其利益置於優先。

第二，要能同理，為那些可能有家庭成員被感染、在疫情中失去工作等處於危機中的人們，設身處地著想。

第三，要有勇氣，也就是要有擔當地擋在人們面前，給眾人希望，並激勵大家度過難關、邁向美好的明天。

擁有「矽谷教父」美譽的漢尼斯，自己曾創業，也輔導過許多矽谷科技大咖，舉凡雅虎與Google的創辦人，都是他的門生。而他自己，至今仍在Google母公司Alphabet擔任董事長。

近年，他著有《這一生，你想留下什麼？史丹佛的10堂領導課》暢銷書，就連新北市長侯友宜等政治人物都奉為領導圭臬，並指引人生。

今年（二〇二〇）六十八歲、二〇一六年結束校長生涯的漢尼斯，在剛過去的學期，仍在史丹佛大學開線上課程：動盪時代的領導力（leadership in turbulent times），核心內容就是上述三大領導要務。

而疫情，正是展現領導人能力的最佳時機，然而，最受漢尼斯稱許的領導人，並不是政治人物，而是全球的公衛與醫療體系！其中，唯一被他點名的，就是美國的公衛權威、白宮防疫小組負責人佛奇（Anthony Fauci）。

「此次疫情中，佛奇是真的能帶給我們希望的人！」漢尼斯說，佛奇的談話總有科學根據，並且真誠面對民眾，只說知道的，不懂的也會坦承說不知道。

## 領導必修四大學分——同理心、提出願景、說好故事、學合作

此外，漢尼斯更進一步詮釋出他認為領導人有四大必修學分。

首先，同理心（empathy）仍是核心。

漢尼斯指出，美國社會此刻面臨兩大問題，一個是疫情肆虐、另一是種族歧視。後者正是因為美國當權者對少數族裔長期缺乏同理心，而妨礙了社會正義。連最該扶貧濟弱的公衛與醫療體系，也充滿了種族歧視。

拿「藥物成癮」來說，鴉片類藥物濫用較常發生在白人社群，而古柯鹼氾濫則常見於黑人社群。但是，美國醫療體系卻傾向給前者額外的醫療資源來矯治，處理後者，則往往是「把更多黑人送入監牢」。

「人們常疑惑，為何非裔美國人容易犯罪，染疫與死亡機率也較高？或許問題本身就反映答案。」漢尼斯說，這也反映出非裔美國人長期缺乏足夠、公平的司法與公衛資源等社會不公義的沉痾。

「沒同理心，是無法發現問題的！」漢尼斯指出，儘管我們可能不是受苦的人，但也得意識到問題、理解對方的處境與想法。所以「傾聽」就是建立同理心的第一步。

第二個關鍵學分，則是「遠見」（vision）。他表示，領導人的遠見能勾勒群體目標，並讓成員看見願景、往前邁進。

尤其在全球疫情看不到盡頭的此刻，領導人必須以遠見帶領大家走出困局，相信自己值得更好的世界。

第三，是說故事的能力，這是指領導人對內溝通願景、對外展現價值的本事。談到這裡，他發現許多國家（如台灣）防疫有成，等於多了說故事的資本，很有機會向國際社會說個好故事，彰顯台灣價值，「當然，對外溝通之前，內部要先有清楚的共識與凝聚力！」

第四個學分，是學會合作。

漢尼斯表示，事情愈難，愈無法單槍匹馬解決問題，而必須集結團隊力量，並仰賴跨領域的專業。

他說，此次醫界就展現空前大合作，甚至有醫生從美國西岸的舊金山灣區，飛越整個美國到東岸疫情重災區的紐約，冒著風險去救治病患。

領導者想整合各方力量，進行合作，首先得確認目標，並預先讓所有成員了解可能獲致的成果。如此，將能有效降低合作阻力、令人願意朝著同一目標努力。

## 動搖矽谷兩大關鍵——金主更保守、錯誤政策讓人才流失

漢尼斯曾創辦兩家矽谷知名公司：美普思科技（MIPS Technologies）與創銳訊（Atheros Communications），後者還以三十一億美元高價被全球晶片龍頭高通併購。

疫情之後，矽谷的「科技新創搖籃」地位是否被撼動？他的答案是肯定的。「疫情將徹底顛覆大家對工作的認知！」漢尼斯觀察，愈來愈多公司像臉書一樣，漸進式導入遠距工作模式，可預見的是，人們將不會只為了讓一群人聚在一起工作，就建立一個實體據點，「未來（舊金山）灣區的房地價可能不會這麼貴，交通也不會這麼塞了！」

然而，這樣的發展，看似降低了創業者的成本，但並沒因而降低創業的門檻，「因為金主也變保守了！」

他解釋，疫情促使大咖投資人重新檢視手上籌碼；再加上，過去矽谷為全球創投聚集地，連結了來自全世界的資金與人才，以往，新創者能在矽谷面對面地接觸人才、連結人脈、尋找金主。然而，遠距工作讓這些創業者少了許多與金主、人才「見面三分情」的機會，一旦沒有明確價值主張、獲利模式，恐怕很難吸引人。

這位在位十六年、任期為一般美國校長兩倍的名校校長，最擔心的還在於「人才流失」，特別在川普政府緊縮外國留學生、尤其是中國學生簽證的此時。

就以史丹佛的研究生來說，中國是外國學生的最大來源，這些留學生通常來自中國頂尖大學，畢業後多數會留在美國，成為產業的中流砥柱。

「矽谷的創新成功，在於能吸引來自全球各地的人才！」他憂心指出，川普若持續限縮移民與留學生，對美國高教體系，甚至對包括科技業在內的各種產業生態，都會帶來長期衝擊。

看來創業、就業環境正逢巨變，難道二〇二〇年的畢業生真的是「史上最慘新鮮人」？

「哪個時代沒有挑戰？總是有人活得很好啊！」二十五歲擔任史丹佛大學助理教授、四十七歲就接下史丹佛大學營運長大位的漢尼斯，對年輕人的潛力充滿信心。

他細數佩吉、布林（皆為Google創辦人）和祖克柏（臉書創辦人）都是年紀輕輕就創業，也不約而同從外部引進執行長，但這些新創事業之所以快速躍進，主因不是那些資深經理人的經驗，而是年輕創辦人的願景。

## 給畢業生三個建議——保持彈性，做好準備，踏出第一步

「不要覺得你最慘。」這位喜歡和學生打成一片的大家長，詼諧一笑，給了二○二○畢業生三個建議：保持彈性，做好準備，踏出第一步。

「人生要有彈性，這樣就算掉下去，也才有能力彈回來！」他表示，多數人的生涯規畫都被疫情打亂，正因如此，才有機會拆掉身上的框架與標籤，重新省思自我定位：「我會活出自己想要的樣子嗎？」

然而，不管選擇走哪一條路，做好準備才能提高勝率；最後，成功的不變真理就是行動，踏出第一步才有機會。

「千萬不要白白浪費了一場危機！」漢尼斯提醒，不要只想「度過」危機，應該努力為下一場挑戰做好準備，並在疫後，成為更好的自己。

原載於二〇二〇年八月《遠見》第四一〇期。

# 亂世，更需要正直的領導人

文／林士蕙

當烏克蘭戰事爆發、中美等大國更加對立、科技趨勢變化更快，全球正期待哪種類型的新人才？包括台灣在內的年輕一代，又該如何在這樣紛亂的世局中，找出成功的新模式？

擁有「矽谷教父」稱號，現為Google母公司Alphabet董事長的漢尼斯，在六月初接受《遠見》獨家視訊專訪表示，當下年輕世代比起自己當年，面臨的競爭確實更大，挑戰也更複雜。

漢尼斯曾是史丹佛大學任期最長的校長，成功將該校打造成矽谷人才庫。如今雖已卸任，卻退而不休，積極寫書，希望做為一般人自學領導的教材。一向熱愛和年輕人互動的他，特別針對全球與台灣年輕世代，提出因應時代挑戰的建言。

## 這一代拚創業，要跑得更快

首先，始終密切關注矽谷動態的漢尼斯，認為現在科技趨勢，變化得更快，創業公司的生命週期也更短，主要是競爭比起他當年創業時更加激烈。他建議，如果現在年輕人有意加入創新創業的戰場，要懂得跑得更快。

其實，漢尼斯早在四十多年前，就在史丹佛校內開啟研究專案，引領一群教授與學生研發出RISC（reduced instruction set computer，中譯為精簡指令集）技術。這個創新科技，讓電腦運算變得超低耗能又多工，正是奠定全球現今智慧型手機、平板、物聯網裝置晶片架構的關鍵。現在，一台新車裡，就可能嵌入三十台效能等同電腦的智慧型裝置，一台成本頂多十美元，完全是從前PC時代難以想像的成就。

漢尼斯也因此技術貢獻，今年（二〇二二）甫和帕特森（David Paterson）等人共同獲得由美國工程學院頒發，有「工程界諾貝爾獎」之稱的德雷珀獎（Charles Stark Draper Prize）。另外，他曾在一九八四年創立美普思電腦系統公司（MIPS Computer Systems），從事晶圓設計開發，後來該公司於一九九二年被SGI收購。他也從這段創業歷程中，學習到不少難得經驗。

然而，回顧起四十多年前的創業氛圍，漢尼斯認為當年的挑戰，主要是資金取得相對困難，以及自己一心相信的創新技術，在論文發表後，卻沒有馬上受到當時產業界的重視，甚至一度遭排擠。

相較之下，現在的創業家，資金取得相較容易，只是同樣的技術創新點子，當年大概頂多一兩家公司競爭，現則至少五至十家公司搶進。

## Web3 公司，只有少數能存活

像是這兩年最夯的 Web3、區塊鏈趨勢，漢尼斯觀察，現在專注同樣點子的開發團隊太多，未來能存活下來的僅有少數。其他領域狀況也類似，例如共享汽車這個領域，光美國就有 Uber、Lyft 等眾多公司競爭，還得遇上中國的滴滴出行。

他建議，年輕人若想做新創，最好先搞清楚自己是否有最獨特的技術優勢，能否異軍突起。同時，創新的品質也要經得起時代考驗，才能在業界持久生存。

不過，他認為，科技競爭是全球性的，而非美國與中國或印度等幾個國家的對決。因此，美國不能以國安為由，祭出限制中國十多所大學畢業生，不得到當地留學深造的政策。

## 美國科技創新，仰賴中國與台灣

漢尼斯強調，美國在電腦運算、微電子領域的先進發展，過去就是仰賴許多台灣、中國優秀的留學生扮演關鍵角色，才得以完成。如果現在美國改變作風，將對長遠的科技創新發展帶來負面衝擊，犯下致命的錯誤。

其次，在近期烏克蘭戰爭、中美對立等地緣政治因素激化下，全球已變得更加分裂，對全球所有人都將帶來難以想像的後果。以目前仍看不到終局的烏俄戰爭來說，漢尼斯認為，只要一個國家不計代價求勝，都將帶來嚴重衝擊，期盼能找到讓雙方妥協，終止戰爭的做法。

漢尼斯更直言，中國與台灣的問題，難度不下於烏克蘭與俄羅斯，尤其看到香港近期發展，更讓不少人對台灣的未來格外擔憂。然而，值此亂世，漢尼斯認為，更需要擁有正直與勇氣美德的領導人。

漢尼斯進一步分析，像是年初烏克蘭戰事爆發後，歐美各國為了制裁俄羅斯，反而就得承受禁運天然氣等產品進口，對民生帶來的各種不便。於是，這些做決策的領袖，都得出面說服民眾，凡抉擇必有代價、犧牲，但終究是為了維持世界秩序。

只是，並非每一人都有肩膀扛得住壓力，因此，領導人更需要懂得在關鍵時刻分辨對錯，且要有勇氣和堅持。

## AI使用在戰場上有爭議

另外，能善用智慧去促進合作也很重要。漢尼斯就很關注在烏克蘭戰爭發生後，像是人工智慧這類的科技，萬一使用在戰場上會引起很大爭議。可能會有人運用演算法，培育出機器人軍團、殺人機器人等，這最後會促使各國展開軍備競賽，只是這次競爭方向瞄準在ＡＩ上，而不是核子武器，一樣會讓這個世界變得更危險。

像這類敏感技術在戰爭上的運用，必須要有睿智的領袖出來仔細評估風險，並和各國進行溝通，攜手規範出國際使用上的限制。畢竟，世人都該理解到，子子孫孫可以永續、安居樂業，才是終極的目標，切莫因為短期戰略利益，偏離了方向。

領導人才需要具備正直、真誠與勇氣的美德，其實也正是漢尼斯自己在擔任史丹佛大學校長的十六年間，從實務中摸索出來的領導力心法。他並曾據此期間心得，著有《這一生，你想留下什麼？史丹佛的10堂領導課》一書。

## 學領導力，可以靠閱讀養成

至於台灣該如何從年輕一代中，培養出優秀的領導人呢？

誠如漢尼斯在書中曾提及，想領導團隊，基本功可以透過大量閱讀來養成，像是探討美國歷任傑出總統的歷史書籍，或是《賈伯斯傳》等科技創新領袖的故事，都很適合找來看看。漢尼斯個人特別喜歡了解這些人，在遇到困境時如何靠領導力度過難關，常能得到深刻啟發。

雖然漢尼斯熟諳科技產品與應用，卻也同樣熱愛閱讀。他表示，閱讀本身就能帶來樂趣。他還記得自己從小就是一個充滿好奇心的孩子，因此從五、六歲開始，便喜歡靠著大量閱讀來理解新事物。不論是人文歷史或是科學領域的書，他都會看。

漢尼斯覺得，閱讀過程可以帶來深刻的啟發與成長，也很鼓勵年輕一代多多閱讀。

其次，實際經驗仍然重要。好的團隊領導人，許多都是克服難關後成長。但未必就真的要靠現實挑戰來歷練，也可以透過好的領導力課程來學習。

他今年初曾帶領一門課程，是教導學生在不確定的情勢下如何領導。他在課堂上提供一些情境題，給出A、B、C選擇，讓學生們自己思考決定該選哪一個，並討論背後理由。

看來，不論時代如何改變，擁有正直與勇氣這樣美德的人才，卻永遠不會過時。漢尼斯誠懇的建言，值得台灣年輕一代深思。

原載於二〇二二年七月《遠見》第四三三期。

很多領導人無法帶領組織執行必要的轉型，原因在於他們不會評估狀況，或者更有可能是根本不知道方法。現今，世界變化的腳步愈來愈快。無論組織的基礎多穩固、歷史多悠久，如果要在二十一世紀存活、甚至屹立不搖，都必須不斷求新求變。

——漢尼斯，《這一生，你想留下什麼？》，頁二六—二七。

摩根士丹利傳奇執行長

# 麥晉桁

# John J. Mack

出生｜1944 年

現職｜**Kohlberg Kravis Roberts** 投資公司高級顧問

學歷｜美國杜克大學歷史學系畢業

經歷｜在摩根士丹利工作 30 餘年，1997 年首度擔任執行長，2001 年因人事鬥爭黯然去職，前往瑞士信貸第一波士頓（**CSFB**）任職執行長，2005 年重返摩根士丹利回任執行長，2009 年退休

著作｜《摩根士丹利傳奇執行長麥晉桁回憶錄》（***Up Close and All In***），天下文化，2022/12/26

# 永不低估自己，善用科技找機會

文／簡嘉宏

一九〇八年，十四歲的黎巴嫩少年麥克（Charles Mack）隨著父親前往美國，定居於北卡羅來納州（North Carolina），展開辛苦拮据的移民生活。一九四四年，麥克的兒子麥晉桁（John J. Mack，桁音同航）出生，誰也沒料到這位移民後代，日後竟成為叱吒華爾街與世界經濟的要角。

麥晉桁一九六八年畢業於美國杜克大學（Duke University），後進入摩根士丹利（Morgan Stanley）工作逾三十年，一九九七年首度擔任執行長。

同年，摩根士丹利與添惠公司（Dean Witter Discover & Co.）合併後，麥晉桁與來自添惠公司的裴熙亮（Philip J. Purcell）在經營理念上多有衝突，最終夥伴關係破裂，麥晉桁於二〇〇一年七月黯然去職。

在這場職場人事鬥爭中敗下陣來的麥晉桁，不得已離開老東家，前往瑞士信貸第一波士頓（CSFB）任職執行長。在他的大力整頓之下，這家原本衰頹不振的銀行再度起死回生，贏得投資人的信心。

反觀摩根士丹利在裴熙亮的領導下，業績江河日下，公司漸成空轉局面，一流人才更紛紛求去，就連裴熙亮的添惠舊夥伴也大感失望，摩根士丹利出現危機。

在投資人與董事會的壓力下，成績不佳的裴熙亮於二〇〇五年六月宣布退休。麥晉桁隨後風光回到摩根士丹利，出任執行長兼主席，這段經歷，為他的職場生涯添上一抹傳奇色彩。

## 「快刀麥克」出手，帶領大摩挺過巨浪

二〇〇八年，全球爆發金融危機，麥晉桁更帶領摩根士丹利，還清向美國政府借貸的一千萬美元貸款，成功挽救摩根士丹利，保住了四萬五千名員工的工作。

這就是人稱「快刀麥克」（Mack The Knife）的麥晉桁，以犀利的眼光，以

及快狠準的決策風格著稱，在最具狼性的美國華爾街戰場中，他卻同時堅持團隊成員要將集體利益放在個人利益之上，帶領摩根士丹利度過一次次風浪，站穩投資界。

二〇〇九年退休後，麥晉桁繼續從事投顧事業至今。他特於百忙中抽空接受《遠見》專訪，除了暢談他的職場奮鬥過程、對摩根士丹利的感情，更論述未來全球經濟局勢，也預測加密貨幣的未來。以下為專訪精采摘要。

## 建立信任與共識，廣納正反方意見

**《遠見》問（以下簡稱問）**：你認為移民後代在美國成功的環境是否仍存在？現在的環境是否比過去受限？你在回憶錄中提到，您的生存信條是「永遠不要低估自己」（Never Underestimate Yourself），這句話在今日美國社會是否仍適用？

**麥晉桁答（以下簡稱答）**：移民在美國成功致富的環境，肯定仍存在。而且，我認為有了科技的幫助，現在的限制反而比從前還要少，移民可以利用科技投身經濟，尋找商業機會，創立自己的事業。

不要低估自己的潛力，再次重申，我認為科技為個人開啟了許多新的機會。

**問：**在回憶錄中，你描述如何和陌生人溝通合作，這樣的技能是天性使然，還是後天習得？你如何說服持反對意見的人，與之建立共識？

**答：**我覺得一部分是天性所致，不過，因為我在移民家庭長大，在這樣的環境下，與陌生人溝通合作顯得非常重要。首先，你一定要提出深具說服力的理由，接下來是與共事的人建立尊重與信任。要和支持者與反對者形成共識，關鍵就是信任與在討論過程中廣納意見。

**問：**你在回憶錄中提到，若能回到初來紐約的那段日子，不會想改變任何決定，這是否表示，如果人生可以重來，你仍會選擇到摩根士丹利服務？

**答：**還是會！原因很簡單，摩根士丹利信譽絕佳，員工來自各行各業、教育程度高、非常聰明、充滿動力且工作認真。

在摩根士丹利，最重要的就是工作倫理與用人唯才。

## 職場政治非壞事，人際關係是成功要素

**問：**你的職涯經歷多次起落，如何面對複雜的權力鬥爭？困在職場政治中如何調適？能否給年輕世代一些建言？

**答：**我對權力鬥爭的看法，和其他人一樣：這是無可避免的，你要做的，是找出需要克服的困境，克服這些困境之後，就能幫助公司完成更遠大的目標。

並非所有的職場政治都是負面，所以你要找出哪些政治能幫到公司，也幫到你，必須和公司的專業人士建立關係，才能發揮自己的影響力，並讓自己有調適的餘裕。

我給年輕一代的建議如下：早點上班、晚點下班、和同事建立信任關係、主動協助同事。

我認為現在的年輕人，要意識到科技帶來的影響，也要意識到，與我四十年前剛進摩根士丹利時相比，目前，電子郵件和影片連結已無法凝聚彼此。

人際關係是成功的關鍵要素，要用電子郵件完成這個目標，會困難重重，所以你要做的是親自接觸他人，向他們學習。

## 加密貨幣須監管，時時保有防備之心

**問：**面對全球通貨膨脹、各國經濟與貨幣政策變化、美國股市動盪，您對二〇二三年、甚或接下來幾年，世界整體經濟與商業情勢的預測為何？

**答：**這很難回答。全球通貨膨脹的問題，我認為各國的中央銀行會愈來愈聚焦全球經濟議題。除此之外，現今貨幣政策包羅萬象，因此對其他政府的貨幣政策，也必須持續觀察。

我認為會有一個互相平衡的力量，來平息市場波動。要預測二〇二三年、甚至接下來幾年的經濟與商業走向很難，但我希望經濟與商業發展能如過往一樣，面對逆境仍持續成長。

科技與全球化營造了良好的環境，因此二〇二三年的商業成長應該可以持續走強。

**問：**你如何看待加密貨幣的興起與未來？近來加密貨幣平台FTX破產事件，建議投資人要注意什麼？

**答：**我覺得要評估加密貨幣很難，不過我認為，加密貨幣會持續發展下去。加密貨幣有影響力，是因為企業或個人可利用加密貨幣快速達成交易，不受銀行交易的傳統方法限制。

我建議投資人一定要做好功課，理解加密貨幣交易與貨幣本身，也要了解使用加密貨幣交易的投資人。另外，加密貨幣必須受到適當的監管。

現在我們要做的，是區分加密貨幣與虛擬貨幣的基礎設施，投資人要留意這些基礎設施，並對加密貨幣帶有防備之心。未來會出現很多問題，但我們會學到很多。

金融相關的「數位所有權創新」十分引人注目，但其商業化進程，仍在非常早期的階段。

掌握創新趨勢很重要，因為未來回頭看，這些趨勢只會更加明顯。現在我們看到的許多教訓，都是從傳統銀行業中重新學習而來。如果有銀行業背景，又能掌握改變的趨勢，駕馭這個領域就會更加輕鬆。

原載於二〇二三年二月《遠見》第四四〇期。

我的自信來自天性，但我得學會如何增進他人的信心與互助合作的精神，讓團隊的成果遠高於單打獨鬥的總和。我親身體會領導者是後天養成，而非與生俱來。領導力是種教養，有時得練習才行，就像銷售力，有些人學得比較快，但終究是學得會的。

——麥晉桁，《摩根士丹利傳奇執行長麥晉桁回憶錄》，頁八。

## 前白宮科技創新顧問

# 亞歷克・羅斯

## Alec Ross

出生｜1971 年

現職｜**One Economy** 非營利組織共同創辦人；多個大學與機構的客座講者、投資者與作家等

學歷｜美國西北大學歷史學系畢業

經歷｜白宮科技創新顧問；歐巴馬 2008 大選陣營中的科技、媒體、電訊政策委員會召集人；為美國而教（**Teach for America**）計畫教師等

榮譽｜美國國務院傑出榮譽獎；《外交政策》百大頂尖思想家；《赫芬頓郵報》十大開創新局的政治人物等

著作｜《未來產業》（***The Industries of the Future***），2016/05/30
《大失衡》（***The Raging 2020s***），2022/11/30
以上著作皆由天下文化出版

# 數位策略、地緣政治，領導人必修

文／林讓均、毛凱恩

難熬的二〇二〇年終於進入最後一季，但今年的冬天仍然不會平靜，甚至可能會掀起全球波瀾。

衝擊全球政經局勢的美國大選，進入倒數，而從未停歇的新冠疫情，秋冬之際變本加厲。等在我們面前的，是另一波巨變。

在動盪的年代，不論你是企業領導人或上班族，都得掌握世界局勢，關心產業版圖將如何重整。

而全球最了解未來趨勢的創新專家之一，就是美國前白宮科技創新顧問亞歷克・羅斯。

## 疫情加快數位建置，三年要完成五年投資

他曾替美國前總統歐巴馬操刀二〇〇八年大選，並在選戰陣營中擔任科技、媒體、電訊政策委員會召集人。之後也曾替前國務卿希拉蕊工作，擔任四年的資深創新顧問，而這個職位，是為他量身打造的。

在為歐巴馬與希拉蕊工作的六年期間，他走訪四十一國，並在網路安全與自由、各種網路應用議題上有諸多建樹，獲頒美國國務院傑出榮譽獎，也曾名列《外交政策》雜誌「一百位全球頂尖思想家」。

羅斯將多年的產業觀察與實務經驗集結成書，在二〇一六年出版《未來產業》，被翻譯成二十四種語言、推廣到全球各個角落。這本書也成為多國領袖建議必讀的產業參考書，業界地位可見一斑。

在迎接第四季變局的關鍵時刻，正旅居義大利的羅斯接受《遠見》獨家視訊專訪，指出疫後的產業新樣貌。身為創新專家，「數位化速度」是他觀察產業的首要指標。

「疫情加快了數位建置，過去花五年時間才會到位的投資，都將在兩、三年內完成！」羅斯笑說，疫情發生之後，他認識的大老闆們都在大買機器人，加速

投資自動化設備、AI（人工智慧）與5G等數位科技。

他指出，目前全球約三百億個連網裝置，但兩年後就會達到四百二十至四百六十億個，而到二〇二五年，就會比現在翻倍、超過七百五十億個。

在他看來，這些聯網裝置，與數據、頻寬一樣，都是創新產業的重要生產素材與資源。

而這些發展，是否會受到疫情影響？

畢竟，今年原本是5G落地年，卻因疫情打亂各種時程，就連科技大咖蘋果，也預計將首支搭載5G的手機iPhone12延到十月中旬才推出。

但羅斯對部分商品時程的延宕不以為意，他著眼於大趨勢，認為5G到來，將讓頻寬不再是稀缺資源，就如同水電一般、開了就來，想用多少就有多少。而且，5G更值得期待的部分，是實踐自動化、物聯網與AI等科技應用。

他回顧，1G是打電話，2G能讓你傳簡訊，3G能連網與上App，4G優化視訊環境，5G則已跳脫通訊層級，可以串連工業網絡。例如在工廠，5G可以讓機器人、物聯網做到更好的自動化，過程中使用的演算法、處理的大量流量，在過去，必須以昂貴的軟、硬體才能達到。

## 五年後，機械勞力將首度超越人力

也因此，產業自動化來得更快，將劇烈衝擊職場面貌與個人職涯規畫。「五年後，也就是二〇二五年，機械勞動力將首度超越人力！」羅斯大膽預言，援引麥肯錫的報告，表示二〇一八年的勞動力輸出之中，有七一%的工作是人力、二九%是機械勞力；二〇二二年，人力降到五八%；到了二〇二五年，機械勞力首度過半，將占五二%，而人力驟降至四八%。

雖然自動化將衝擊藍領工作，但他認為大家不需要驚慌。這是因為上述的趨勢，不表示人類工作將從七十一個降到四十八個，因為勞動力並不是有限的，AI等科技可將勞動力有效提升，像是知識型的工作機會就會持續增長。

如此趨勢下，人力工時可望縮減或彈性調配，產生更多空閒時間。不少西歐國家已做出因應，像是芬蘭總理馬林（Sanna Marin）就提案，將每日平均工時從八小時減為六小時。

關於疫後產業的樣貌，羅斯表示，他四年前在《未來產業》中提示的，包括物聯網、大數據、機器人與FinTech等趨勢都未改變，只是加快了速度。

而5G、AI與大數據等科技的高速發展，也將催促「智慧城市」（smart

city）及早誕生。

「二〇三〇年，我們會迎來真正的智慧城市！」羅斯對智慧城市的首要定義，是「擁有高效能的智慧交通系統」，也就是說，民眾能即時了解公車位置、可以因為行駛效率與車流狀況而隨時改變交通路線規畫。

據他觀察，建造一座智慧城市必須付出很大的代價，不僅要配備高效能的科技系統，還得讓民眾享有均等的生活素質與資源。否則，城市就會因發展失衡加速崩壞。

羅斯舉舊金山為例，這裡是軟體巨擘 Salesforce、推特等數百家新創企業的總部所在地，然而，它正處於崩潰邊緣：舊金山的社會不平等現象，情況正在惡化中，城市內充滿遊民與吸毒人口，這促使許多人在疫情發生後，加速逃離這座城市。

「高科技不能保證一座城市的發展，也不一定改善人們的生活！」他提醒，如果忽略社會正義，科技很可能加速不平等、導致貧富落差。

例如：亞馬遜創辦人貝佐斯（Jeff Bezos）近來因公司股價狂飆，個人財富在八月底創下富豪榜上最高紀錄，這也是史上第一人突破兩千億美元身價。

羅斯對貝佐斯個人沒意見，卻點出背後的問題：因數位化獲致的社會利益，為何沒有合理分配、集中在少數人身上？

他認為，解方之一就是修改政府、企業與勞工三方的社會契約，例如：從只在乎股東利益的「股東資本主義」（shareholder capitalism），轉而聚焦於「利害關係人資本主義」（stakeholder capitalism）；後者不只關注股東，也在意企業營運與供應鏈中會影響到的員工、客戶、社區與環境等利害關係人與群體。

此外，企業領導人的數位挑戰，還有如何找出因應疫後世界的精準策略。

「如果你的公司至今沒有數位策略，那就等於沒有策略！」羅斯嚴肅地指出，還未數位化的中小型企業，將首當其衝。他表示，疫情加快數位化腳步，所有企業都必須有數位策略，以重整事業布局。所謂的數位策略，不只是為了因應疫情，更是為了找出企業的未來競爭力。

他建議，企業必須先認清數位趨勢，才有機會從中找到自己的定位，並且加速轉型。

## 中美惡鬥，台灣產業不要選邊站

近年來，包括中美角力等各種政經衝擊，正在重塑世界秩序，羅斯的下一本書，就是談地緣政治（geopolitics）與商業世界之間的交互影響。

「地緣政治之於商業布局，愈來愈有關鍵性的影響力！」預計明年出版新書的他舉例，即便你是具有業界領導地位的台灣半導體業者，但除了確保自身擁有最優秀的人才、製造能力之外，還必須擁有出色的地緣政治分析能力。

如此，才能了解自身在整體供應鏈中的角色、掌握生態系中的政治動態，從而做出適切的商業判斷。

他提醒，近四年來的貿易愈趨緊縮、關稅日益增高，企業的損失很可能不是因為工程能力、執行力不好，而是因為忽略地緣政治風險。

對全球領導人來說，近來最大的政治風險，就是即將到來的美國總統大選。曾是民主黨時代的白宮高官，羅斯這次會回鍋幫民主黨候選人拜登助選嗎？「如果拜登邀請我加入白宮團隊，我當然會考慮！」

但羅斯隨之表示，一切等新書出了再說，他期待這本書也像前一本，有機會影響各國的政策走向。

他觀察，如果拜登當選，上任第一件事，就是改變外交政策，重新與友邦交好、與敵人和解，一改近四年美國的霸凌形象。第二件可能做的事，是重訂稅收政策，消弭美國日益擴大的貧富差距。

然而，若是川普贏了，羅斯相信川普會持續拉高與中國的衝突態勢。而不管誰當選，中美經濟與供應鏈勢必有一定程度的脫鉤（decoupling）。他建議，做中美雙邊生意的台灣業者切勿選邊站，應該宣稱中立，以持盈保泰。

原載於二〇二〇年十月《遠見》第四一二期。

目前的社會契約是十九世紀與二十世紀的破舊遺物，我們必須修補這個社會契約以符合二十一世紀的現況。我們的前方有兩條道路。其中一條很容易就能達成，那就是什麼都不用做，但是這條路會導向困苦與更多憤怒。第二條路則需要公民、企業與政府都採取強力的行動，而這條路讓我們能帶著希望邁向未來，把憤怒留在過去。

——羅斯，《大失衡》，頁三六〇。

全球知名戰略顧問

# 米歇爾・渥克
# Michele Wucker

出生｜1969 年

現職｜戰略顧問公司「灰犀牛」（**Gray Rhino & Company**）創辦人暨執行長

學歷｜美國哥倫比亞大學國際公共事務學院碩士

經歷｜曾獲選世界經濟論壇全球青年領袖、古根漢得獎者；曾任紐約世界政策研究所主席、芝加哥全球事務委員會研究副主席、《國際金融評論》拉丁美洲事務處主任

著作｜《灰犀牛》（***The Gray Rhino***），2017/04/10
《找出生活中的灰犀牛》（***You Are What You Risk***），2022/01/24
以上著作皆由天下文化出版

# 了解自己，就能預見「灰犀牛」

文／傅莞淇

新冠肺炎 Omicorn 變異株持續在全球肆虐，台灣也面臨嚴峻挑戰，該如何在此時勢中迴避風險？化險為夷？

在風險評估上，創業者都是勇於冒險的「風險愛好者」，受雇者則都是保守的「風險趨避者」嗎？這種刻板印象會讓你看錯多少人才、誤判多少投資標的？

曾提出震撼世界的「灰犀牛」理論、美國風險顧問米歇爾・渥克，在最新著作《找出生活中的灰犀牛》中，引領讀者重新看待「風險」對人類生存的重要性。

與《遠見》的專訪中，她直陳新書的目的正是希望讀者對自己每個決策伴隨的風險判斷有更高的自覺。

「我們每天大約要做三萬五千個決策……了解自己對風險的認知，以及自己最擔心的風險是什麼。光是這樣，就足以開始給你一種具掌握力的感覺。」

渥克解釋，我們正處於一個動盪的時代，有許多我們無法控制、也不完全理解的事正在發生。但當你能專注於那些就在眼前清晰可辨的風險，就能降低這些已知風險與其他未知風險同時發生的機率。

## 風險認知影響防疫行動

渥克在二〇一六年的著作《灰犀牛》所做的，也正是為讀者指出那些就在眼前、清晰可辨的風險。與難以預測、也難以防範的「黑天鵝」不同，「灰犀牛」是那些極可能發生、也有機會避免的風險事件，卻時常受到忽視。這個具象化的比喻很快地在全球風行起來。

為避免「黑天鵝」與「灰犀牛」同時失控的下場，渥克建議，與其憂心忡忡尋找下一隻黑天鵝何時會到來，不如正視自己一再迴避面對眼前灰犀牛的原因，並設法做出改變。

因此，如果說前作是以手術般的精準肢解「灰犀牛」事件的本質，續作就是回頭審視肢解的這雙手。渥克引入生理、文化、組織結構等面向，一一剖析不同地區、性別、社會背景的人，如何可能在相當類似的情境中，看見不同的「灰犀牛」，並採取不同的應對方式。

而當新冠疫情已從「黑天鵝」事件演變成「灰犀牛」事件，我們該如何自處？渥克觀察，各國人民應對新冠肺炎疫情的表現，在西方與亞洲國家間確實存在著一些差異。她認為這源自於三大緣由。

第一是人民是否能考量到社會共同承擔的風險，或只關心個人的風險。渥克描述，美國社會對此幾乎分裂，「許多人了解要打疫苗、戴口罩、特別保護年長族群。但也有另一群人，以不做任何自保與保護他人的措施而自豪。」她失望地表示：「對我來說，這是個人主義走上了歧途。」

相對來說，較多亞洲國家人民願意犧牲一些個人自由，尊重社群其他成員的福祉。再加上原先就有「口罩文化」這第二點原因，使得許多亞洲國家在控制疫情蔓延上表現較佳。渥克補充，過往對抗SARS的經驗，也有助於人民自發地遵守口罩規範。

第三是各國政策的差異。無論是在疫苗問世前社交限制的嚴格程度，或是疫苗覆蓋率提升後的逐步鬆綁，都影響了境內經濟體的活絡。渥克強調，隨著變種病毒的演變及官方政策調整，各國都會從先前的經驗中學習，改變未來的做法。

## 疫情迫使大眾正視人生風險

各國及其人民面對風險的態度，也因疫情帶來的全新經歷，而產生了改變。「我想這迫使許多人思考人生中優先的事物是什麼。」渥克指出，許多風險都被重新評估。

渥克提到，美國近來不僅離職人數一再創新高，在職中考慮離職的比例也逼近五成。「這不一定表示人們在職涯上變得更勇於承擔風險。」她認為，這是人們有了另一種看待風險的方式。愈來愈多人了解到，待在不適合的職位上，比離職的風險更大。

這與生產鏈重整、在家工作的風潮，同樣帶給企業比疫情更加長遠的衝擊。如今員工對工作的要求更高，如果企業無法跟上人力市場評估風險的變化腳步，將會在求才、留才上面臨更大困難。

《灰犀牛》一書出版後，這個概念在渥克的祖國美國，以及太平洋對岸的中國，都帶來相當大的影響，尤其是在她個人擅長的金融政策領域。但渥克也承認，美國擁抱灰犀牛的程度，顯然不如中國那般熱切。

## 撥動地緣政治，台灣需提升風險認知

《灰犀牛》中文譯本於二〇一七年二月在中國出版。隔月，《新華社》便在一篇討論「逆全球化」的專文中指出，「灰犀牛比黑天鵝更可怕。」中國領導人習近平也多次在演說中直言呼籲國人防範「灰犀牛」。這頭體型龐大、步伐沉重的動物，儼然已是中國政府在策定金融規範時不可忽視的威脅，甚至有專門團隊特別觀察、防範並應對那些顯著的風險。

相較之下，與中國同樣有著收入不均、經濟成長等挑戰的美國，卻對正視「灰犀牛」依然帶有抗拒，甚至是不願意接受自己逃避灰犀牛的事實。為什麼同樣的概念，在中國、美國兩地會引來如此不同的反應及行動？渥克解釋，這也是她想透過新書回答的其中一個問題。

在宣傳《灰犀牛》時走訪亞洲的渥克，發現這裡的讀者比美國大眾更易於理解、接受這個概念。當她拜訪中國時也問了當地讀者，而他們給的最好答案是：「我只是給出了一個溝通工具，讓他們可以討論原本就盤踞心頭的想法。」

渥克發現，亞洲人比西方人更關注風險。這項洞見並不只是一個有趣的地區文化差異。從風險的角度解讀地緣角力，能讓身處不同地區的人更加了解對方的想法。或許也有助於為美國與中國的抗衡，以及台灣在此之中的關係找出新出路。

「我想，對美國來說，他們所見到的最大風險，是失去世界領導的地位。而對中國來說，他們在意的，是美國對關係密切的台灣有太大影響力。」渥克觀察，雙邊對風險的定義完全不同。

遺憾地，在相當切身的美中抗衡關係中，許多因素都不是台灣能掌控的。渥克表示：「這也是最糟的一種風險處境。」不過，若台灣能精準辨識美、中最戒慎的風險，並對雙邊送出適當的信號。在美中關係有所改善的理想未來，或許也能重新定義台灣的風險條件。

那麼，該如何精準地判讀風險，並採取適當的行動？繼「灰犀牛」後，渥克再度給出了另一項有效的溝通工具：風險指紋。

簡單地說，「風險指紋」是一個人面對風險的性格，就像指紋一樣獨一無二。讓我們回到一開始的那個問題。創業者真的比受雇者更愛冒險嗎？

根據書中引用的一份二〇一九年的調查結果，超過半數的自雇者認為，自營的風險比受雇更低。也就是說，創業者不一定認為自己冒了更大的風險獨立創業，而是他們對風險的認知與受雇者並不相同。

## 找出「風險指紋」，掌握改變的能力

渥克在專訪中指出，目前加密貨幣市場的熱潮，也很適合解釋這個概念。「每個人都問我，加密貨幣是不是頭灰犀牛？」她說，這真的要看個人如何定義。

例如：從打造加密貨幣的參與者角度看來，將一切貨幣政策交與傳統機構決定的風險，比去中心化的金融前景來得高。但對央行來說，加密貨幣的盛行代表著失去過往掌控權的風險。以投資個人而言，預期加密貨幣市場將持續成長者，會認為不投資是個風險。但在認為加密貨幣市值終將崩垮的人眼中，投資才是個風險。

因此，每個人眼中的灰犀牛都不盡相同。渥克指出，除了天生的個性，後天經驗與環境條件也都會影響一個人的「風險指紋」。將這個概念擴大到團隊、企業以至國家，也有助於理解這場二〇二〇年以來爆發的全球性疫情，為什麼在各國帶來不同的命運，以及未來可能的發展。

包括風險指紋，渥克給出了一整套辨識、談論風險的工具性詞彙。在考慮併購公司時，你該如何判讀對方企業的「風險文化」與己方能否調和？在為客戶規畫投資組合時，你是否具有理解對方價值觀的「風險同理心」？你知道在做決策時聆聽節奏快的音樂，更可能讓你做出具有較高風險的選擇嗎？

「我希望這有助於人們討論風險，並帶來更好的風險決策。」渥克如此表達她的期許。

身為長年觀察公共政策的風險分析師，渥克在當前全球社會看見了許多隻灰犀牛。包括收入不均、資產泡沫與氣候變遷等議題，都需要更多人正視它們並盡快採取行動，以避免衝擊規模持續擴大。

「我也在試著將對話提升到更具建設性的層級。」渥克解釋，這關乎任何一個人能做到的事，以及我們每個人都盡可能做好自己能做的事。

正如書中所述，一個人的風險指紋包含了目標。知道自己正在蒙受什麼樣的風險、為的是達成什麼樣的目標，就能清楚地知道該做什麼決定。

自從渥克首次提出「灰犀牛」概念，這世界改變了很多。但她似乎依然是那個鼓勵我們看見灰犀牛，採取行動，做出改變，掌握自己生命的人。這本新書，正是為了協助讀者做到這件事而寫。

原載於二〇二二年二月《遠見》第四二八期。

如果想讓世界變得更美好、更安全，唯一的辦法就是不斷設想我們如何能改善這個世界。全球、政府與個人是否得以進步，取決於我們能否做出更理想的風險決策。

——渥克，《找出生活中的灰犀牛》，頁十。

# 人文視野

**遠見**——哈拉瑞（Yuval Noah Harari）

**造局者**——麥爾荀伯格（Viktor Mayer-Schönberger）

**道德**——奈伊（Joseph S. Nye）

**永續**——傑佛瑞・薩克斯（Jeffrey D. Sachs）

**責任感**——喬治・塞拉分（George Serafeim）

以色列新銳歷史學家

# 哈拉瑞
# Yuval Noah Harari

出生｜1976 年
現職｜耶路撒冷希伯來大學歷史系教授
學歷｜英國牛津大學博士
著作｜《人類大歷史》（*Sapiens: A Brief History of Humankind*），2022/10/27
《人類大命運》（*Homo Deus The Brief History of Tomorrow*），2022/10/27
《21 世紀的 21 堂課》（*21 Lessons for the 21st Century*），2022/10/27
以上著作皆由天下文化出版

# 最大敵人非病毒，而是心中惡魔

文／李國盛、林讓均、林珮萱

病毒改變了什麼？我們該如何解讀疫後新世界？在病毒崩解世界、民眾對前途感到困惑的此刻，新銳歷史學家哈拉瑞被許多人視為是能洞悉古今、眺望未來的預言家。

這位來自以色列、四十四歲的思想界新偶像，卻將自己定位為「歷史學家」與「哲學家」，提醒所有追捧他的人，不要當他當成大師（guru）。

但，他的確締造了大師級的里程碑。他所撰寫的人類三部曲：《人類大歷史》、《人類大命運》與《21世紀的21堂課》，一出版即風靡全球，這三本書創下全球銷售超過兩千五百萬本的紀錄。

## 二〇二〇是重塑世界面貌關鍵年

這也帶給他名聲、金錢與影響力。身為知名同性戀者，與丈夫定居在以色列，但他仍對所擁有的一切，時常感到不安。例如：哈拉瑞不喜歡身為他經紀人的丈夫開保時捷名車，只因覺得「歷史學家有錢是不被接受的！」

其實，這無損於哈拉瑞的智者魅力。許多跨國企業老闆、政經人物都是哈拉瑞的書迷，他曾受邀到法國總統府艾麗榭宮、臉書創辦人祖克柏的宅邸，甚或無數政經要人的聚會。包括微軟創辦人比爾蓋茲、美國前總統歐巴馬，以及台灣的富邦集團董事長蔡明忠，都曾公開推薦哈拉瑞的書。

「拜讀哈拉瑞的書，震撼就像是親身去參拜埃及金字塔！」歐巴馬曾在一次專訪中這麼說。

專研世界史、中古史的哈拉瑞，近年逐步聚焦於人類集體命運、乃至於地球的明天，其實，哈拉瑞最終想要探討的是生命的意義。

在《21世紀的21堂課》，他論辯ＡＩ（人工智慧）等新科技帶來的挑戰，示警「演算法將成為獨裁者」；另方面，則憂心法西斯主義的捲土重來，呼籲每個人都該是分享共好價值的全球主義者。

疫情當前，哈拉瑞對台灣，只接受《遠見》獨家專訪，書面回覆諸多關鍵議題，並指出疫後世界的全新路徑圖。

「病毒這場仗，台灣已贏得國際敬重！」他推崇台灣的防疫努力，再次強調唯有合作才能戰勝病毒。其實，在《人類大歷史》中，他已指出「智人」能夠彼此合作，是人類發展超越其他物種的最關鍵因素。

此次新冠病毒全球大流行，哈拉瑞觀察這根本是人禍，因為人類明明有「能力」遏制病毒蔓延，卻沒有「智慧」阻止這一切。

同時，哈拉瑞也在訪談中提出警訊。

「二〇二〇將是重塑世界面貌的關鍵年！」他提醒世人，病毒顛覆所有秩序，世界變得流動而具可塑性。所以，此刻必須緊盯政治人物言行，敦促各國政府採行正確的行動、制定對的政策，否則一旦新規則確立，就難以力挽狂瀾。

以下，是《遠見》訪談哈拉瑞的精采摘要：

## 科技龍頭臨危肩負更大責任

**《遠見》問（以下簡稱「問」）**：您注意到台灣對抗新冠肺炎的努力？對於

台灣在疫情中的國際處境，有何建議？

**哈拉瑞答（以下簡稱「答」）**：台灣這次的危機處理已受到全球矚目。最令人印象深刻的，在於台灣阻止疫情擴散的同時並未犧牲民主，也未訴諸極權。

如果有人說：「想阻止疫情，我們必須學中國的極權，那是唯一可能成功的方式！」就會有人反駁：「沒這回事，看看台灣對疫情的處置，甚至比中國更有效，而他們可是個民主政體。」

台灣一直被孤立，國際處境困難，在可見的未來也不容易改變。然而，在這場危機中，台灣已贏得國際諸多敬重。如果台灣能夠分享抗疫寶貴經驗、告訴世界如何應對疫情，必然也能得到長久的感激之情。

**問**：您如何觀察全球企業因應疫情的做法？在這種情況下，如何思考企業的社會責任？

**答**：這場危機中，企業扮演關鍵角色。Google、臉書、騰訊等科技龍頭的重要性遠超以往，許多過去在實體世界運作的活動，現在都由這些科技大咖提供數位基礎架構來運行。

這意味著，這些科技龍頭，甚至所有業界都肩負更大責任。除了自身的商業營利，也該把社會公益納入考量，不該反過來趁機牟利。

以遠距（在家）辦公為例，有諸多優點，相對地也有諸多問題。員工在家辦公，代表著老闆接手了我的住處，讓我的住處也成了公司的一部分；但老闆可不用為此付錢。家裡的電費和電話費是我在付，清潔是我在維護，午餐還得自己煮，而且我必須要求其他家人保持安靜。這對員工來說可不公平。

如果要把住處變成公司的一部分，老闆應該付錢吧？企業不能只想到自己的營利，而必須考量這些情境對員工的影響。

## 每一個人都得仰賴合作度過難關

**問：**疫情當前，您觀察到哪些做得很好、發揮合作的案例？

**答：**最佳典範，就是目前全球科學界的全體總動員與攜手合作。全世界的科學家公開分享各種資訊，彼此信賴、共同研發各種療法及疫苗。例如台灣醫師早上取得的重大發現，可能到晚上已能在西班牙拯救人命。

每一個人都得仰賴這樣的合作來度過難關，據此，所有人都能出於本能反抗易使人陷入孤立的國族主義。

如果法國的科學家研發出有效的疫苗，我不相信中國或美國會有人高喊：

「我們不要外國疫苗！我們要等本國科學家研發出愛國疫苗！」

**問**：您曾提到，人類的三大天敵：饑荒、瘟疫與戰爭，到二十一世紀已可獲控制。但新冠肺炎快速蔓延全球，是否讓您改變看法？

**答**：我在書中指出：「有鑑於人類在二十世紀的成就，如果以後的人類仍然苦於饑荒、瘟疫和戰爭，已不能再怪在自然或上帝的頭上。我們已有能力把事情做得更好，並減少未來受苦的發生率。」

在我看來，面對此次疫情，以上說法依然成立。

我們顯然不可能避免新的傳染病出現，各種病原體還是會不斷從動物傳到人類身上，或是透過突變而變得更易傳染、更致命。然而人類確實已有能力抑制各種疫情，避免數百萬人命的犧牲。

而想了解今日疫情，應該和過去做比較。在前現代時期，人類多半還不知道瘟疫的成因，也不知道如何抑止瘟疫。於是通常會把瘟疫怪罪於神明發怒、黑魔法肆虐，唯一能做的就是舉辦大型群眾祈禱，反而造成大規模群聚感染。

在十四世紀，黑死病帶走了歐亞大陸超過四分之一人口，但當時的人自始至終對病因毫無頭緒，陷入全然的無助。

相對地，新冠病毒爆發之後，科學家只花了兩週，就確認並完成了這隻新病毒的基因定序，還研發出可靠的檢測方式。同時，政府及銀行也推出方案避免經濟崩潰。

然而，疫情仍帶來一大警訊！人類有「能力」抑制疫情，並不代表人類總是有「智慧」得以妥善運用這份能力。

目前全世界所面對的，並不是什麼無可避免的天災，而是人禍。是不負責任的政府忽視了醫療保健系統，未能及時回應，未有效全球合作，才造成今日景象。人類確實有能力阻止，但目前為止，我們還缺少了阻止這一切的智慧。

**問：**如果您重寫《21世紀的21堂課》，「病毒」會是您這本書的第22堂課嗎？

**答：**在線性思考中，我們總以為過去發生的事在未來會繼續發生，但歷史其實難以預料。

因為新冠病毒的疫情，所有人都覺得再過個五年十年應該還會有另一場大的流行病。但有可能人類未來根本不會遇上疾病流行，而是遭逢另一項完全不同的危機，例如極速的氣候變遷、狂暴的火山爆發，甚至是一場核戰。

## 疫後世界，「政治」將更重要

**問**：身為歷史學家，您會怎麼看新冠疫情的歷史意義？疫後世界將有什麼新面貌？

**答**：這場疫情並不會把人類逼向某個絕對的未來，而是逼著我們做出種種不同的決定；而不同的決定將導向不同的未來。

面對這場危機，我們可以選擇全球團結合作，得到更為同心一體的世界。也可以選擇各國堅壁清野、互相對抗，造成更為破碎分裂、充斥敵意的世界。我們可以選擇走向極權監控，也可以選擇為公民賦能、提升政府透明度。

政府能夠選擇拯救大企業、讓勞工團體更趨弱勢，也能利用這個機會讓大企業受到管治、讓勞工團體得到強化。

或者，將交通運輸系統與能源業重建得更為環保，又或短視於經濟復甦，而將環保視為無物。像這樣的選擇，還有許多。

**問**：各國因疫情而鎖國，極端國族主義將捲土重來嗎？

**答**：疫後世界的一切變化，可說都是政治的選擇。因此，「政治」這件事的重要性會比過去高。

媒體和大眾實在不該只緊追著最新的疫情新聞，關心美國又有幾例確診、義大利又有幾人死亡，應該更關注這項危機的政治面，以及政治人物又做出哪些重要決定。

接下來幾個月，政治人物將會讓整個世界改頭換面，整個世界將會變得十分流動而具可塑性。

因為，這項危機完全出乎意料，政治人物手中沒有現成藍圖，格外能接受新想法，甚至是瘋狂的概念。然而一旦做出正式決定，就會形成新的秩序，未來想再有不同的嘗試就更難了。

到了二〇二一年才掌權的人，就像是在派對結束了才到場的客人，除了幫忙收拾髒碗盤（指「承擔後果」），已無力回天。趁著現在派對還在進行，我們必須打起精神，敦促各國政府採行對的政策。

我無法預測世界到了二〇二一年會是什麼模樣，但應該會與二〇一九年大不相同，而我希望會是一個更好的世界。

最重要的是，我們在這場危機中最大的敵人並非病毒，而是人類自己心中的惡魔：仇恨、貪婪、無知。

如果我們只是把這場疫情怪罪於外人、怪罪於弱勢族群，如果企業只關心自己的營利，如果我們相信了那些陰謀論，要克服這場疫情就會變得難上加難，未來的世界也將充斥仇恨、貪婪與無知。

另一方面，如果我們能四海團結、慷慨對需要的人伸出援手，如果我們更堅定地相信科學、相信負責任的媒體，要克服這場疫情也將變得容易，我們未來將生活在一個更美好的世界裡。

## 保護同胞，必須與外人合作

**問：**過去十年，您三本全球暢銷書所揭示的種種現象，哪些好轉、哪些則惡化？又有哪些必須警惕的轉變？

**答：**在這十年間，三項發展令人擔心。首先是國際體系衰敗，極端國族主義與孤立主義日益盛行；第二，整個生態系統也迅速惡化；第三，ＡＩ與遺傳學等危險科技正在極速發展。

這三項發展的結合，嚴重威脅全人類的生存。所幸，目前仍有逆轉機會。關鍵在於，我們必須體認到所有人類是禍福與共。某些政治人物（哈拉瑞舉例，像是當今的美國總統川普）會說國族主義與全球主義兩者從根本上就相斥，也說我們應該選擇國族主義、捨棄全球主義。但這是一項危險的錯誤，國族主義與全球主義兩者並不衝突。

原因在於，國族主義的重點並非「憎惡外人」，而是「珍愛同胞」。而在二十一世紀，如果真想要保護同胞的安全與繁榮，就必須與外人攜手合作。

所以，如果想當個好的國族主義者，就只能同時當個全球主義者。如此，全球團結一心，就能共創美好世界。

**問**：您打算著手書寫人類與動物的關係，為何對這主題有興趣？想傳達什麼訊息？

**答**：想要真正了解人類的歷史，必須論及人類與其他動物的關係。無論在經濟、政治，甚至是文化與宗教上，動物都扮演著關鍵角色。

例如：想了解中華美食，能不談雞、豬、魚？想探討蒙古帝國，難道不談馬？而如果要討論印度宗教，又怎可能不談到聖牛、象神甘尼許（Ganesh）、猴神哈奴曼（Hanuman）？

如果有人質疑，人和動物的關係到了二十一世紀是否還重要？我們目前面臨的危機正可做為警惕：不過是一隻蝙蝠，就已讓全球經濟戛然而止！

（林俊宏翻譯）

【遠見看大師】

# 在演算法全面掌控前，人類能夠等到「先知」？
## 寫「昨日」的哈拉瑞，讓我們看到「明日」

文．李國盛

他寫的是「昨日」，讀者看到的卻是「明日」。

他要人們不要把他當作大師（guru），但從祖克柏到歐巴馬，從耶路撒冷、倫敦、矽谷到華盛頓，無數人們仍期盼他口中的「神諭」。

他對人類文明發出最嚴格的批判，認為人類在歷史進程中不斷做出錯誤判斷，才走到今日的困境。但每每在批判的終端，外型消瘦、講話輕聲細語、彷彿對自己不夠有自信的哈拉瑞，仍對「人」樂觀期待，正因如此，他才不至於掉入虛無主義的幻境。

文明發展困頓難解的年代，哈拉瑞的眼光從當下望向過往，出手的第一本書就帶著讀者重探文明起源。他的訊息簡單清晰：今日文明發展的問題，要回到源頭，才知道問題出在哪裡。

一百三十五億年前的大霹靂，是物理學的最初；三十萬年前，原子和分子出現是化學的最初，緊接著物理和化學條件成熟，生物出現在地球，「智人」跟隨而來：在第一本暢銷書《人類大歷史》的開卷，總結了文明的最初。

一九七六年出生，哈拉瑞求學和任教都在耶路撒冷的希伯來大學（博士學位得自牛津大學），《人類大歷史》初始取材於他擔任歷史系博士班「世界史」的講義。之所以教這門課，一是系上資深的教授對世界史興趣缺缺，資淺的他，別無選擇，只好擔起此任。

談到人類歷史，老師們除依序介紹歷史進程外，還能說什麼？還能提出全新史觀嗎？

### 虛構與想像的力量

有別於世俗史觀，哈拉瑞眼中的人類歷史演進觀點，首先來自於他對人類「虛構」力量的詮釋：虛構的神、神話、宗教，乃至國家和金錢的發明，都是人類想像力促成的產物。這些想像中的概念，支撐了架構，發展出一個又一個「想像」出來的共同體：橫跨歐亞的大帝國、動輒數億信徒的各類宗教。

想像和虛構的能力，促成人類彼此的合作，讓人類成為真正的地球主宰者，文明的光芒，卻也帶來毀滅的源頭。

繼《人類大歷史》後，《人類大命運》與《21世紀的21堂課》詮釋人類如何從蠻荒走向智人，觸及人類在二十一世紀面臨的難題，三本書彼此相扣，也將思惟從「昨日」拉到「明日」，讓他真正成為全世界政商、知識界爭相追捧的新偶像。

但這位反思了從猶太教、伊斯蘭教一路到當今自由主義浪潮思潮發展的批判歷史學家，從不吝提醒所有追捧他的人，不要當他當成大師（guru）。「我的身分是歷史學家與哲學家……對於未來，我沒有預言，唯一能做的是提出『可能性』的討論。」

## 衝撞與冥想，在誤解之途

哈拉瑞的出身與道德觀，有著極度的衝撞：身為猶太人，他嚴厲批判猶太教認為上帝獨厚猶太人的教義，他指出，在發展成基督宗教之前，猶太教一直處於地區性信仰的位階，未能關照普遍性的人類課題。

他批判農業文明，認為農業革命是人類歷史發展第一個大錯誤，是「大騙局」，讓人類走向發展的不歸路。

他每天花兩個小時冥想。做為「內觀法」的實踐者，他每年入關冥想，有時長達一個月。他認為，積年累月的大量閱讀和思索，若無冥想，他絕對無法完成需要高度專注力的《人類大歷史》三書。

目前仍住在耶路撒冷近郊的他，是素食主義者，書中對人類豢養動物的歷史，多所批判。仍在希伯來大學任教的他，目前仍有一門課，探討的是人和動物互動的歷史，這是他史觀中極為重要的一個支脈，哈拉瑞說，未來要為此出書。

他從小自信，認定自己一生不需為五斗米折腰，但席捲世界而來的盛名，仍遠遠超乎他的預期，讓他不得不強調自己對於金錢與影響力極力保持自覺，他說自己對所擁有的一切時常感到不安，還說出「歷史學家有錢是不被接受的！」這句名言。

寫作上，他廣蒐材料變成自己的故事，絕不掉書袋，嚴肅的議題用輕鬆的文字和比喻，讓讀者跟著一字一字進入他眼中的世界。談到歷史上男權凌駕女權，他順手摘引中國殷商甲骨文透露的重男輕女觀念，但緊接著，他又開始比較西元前一七七六年《漢摩拉比法典》，和西元一七七六年美國《憲法》的意識型態異同。

他比較《駭客任務》和《楚門的世界》，認定在科技主導一切的時代，「科幻小說」是二十一世紀最重要的文本：因為科幻小說（和電影）決定了我們對科技世界的想像。

但緊接著，他又讓讀者明白，無論畫面如何絢麗，科幻電影大都是舊瓶裝新酒，講述老早就存在的「人類穿透現實找到自我」故事。

他心中真正的原創科幻小說，亦即真正清楚指出人類命運的科幻小說，是一九三一年赫胥黎（Aldous Huxley）寫就的《美麗新世界》，在電腦和網路都還未出現的年代，作者精確預言了人類的未來。在成書近百年後來看，我們確實一步一步往《美麗新世界》的場景靠攏。

在談到人工智慧的威脅時，他指出科幻片中經常出現的「人類」對抗「機器智慧」的橋段或許會發生，但更可能發生的是：掌控「人類智慧」的少數菁英，主宰著多數人的生活。

而受惠於生物科技的演進，菁英還「買」到了長生不老的祕密和技術，從此永遠掌控、全面掌控，真正讓人類文明畫下終點。（想想目前Google、臉書和百度正在做的，是否令人不寒而慄？）

## 文明進程的焦慮裡尋找先知

一如前頭提到的，哈拉瑞不願意被看成一個先知，但全世界卻把對未來的解密任務放在他身上。無數的讀者透過媒體和網路，想問他的不只是「過去」發生了什麼事，還有「未來會怎樣」，甚至是「我們該怎麼做」的道德問題。

哈拉瑞強調，人類尋找意義的過程必須終結，因為已經沒有時間讓人類在各種意義中漫遊。只不過，他說：「追求意義的出發點，最好就在於開始觀察痛苦，探求痛苦的本質。」

於是，無論他願不願意，他的風潮映照的正是當代文明發展的困境——信仰危機、環境災難，無所不在又一觸即發的衝突，從美國、蘇聯到中國，領導人愈來愈走向極端的國際政治。最後，則是生物科技革命和資訊科技革命的結合，特別是人工智慧的興起，即將全面接管文明所帶來的威脅。

論者認為，掌控一切權威，將從人類手中轉到電腦運算，而且趨勢不可阻擋，因為就算一個國家決定終止發展演算法，其他國家也會跟進，一個公司放棄，也會有其他企業投入。

那是否是「智人」文明的最終章？在那個時刻來臨前，「智人」該如何自處？應對人工智慧的挑戰？智人形成以來的人類歷史，又要寫下什麼樣的新篇章？

這是新的十字路口。一如文明已不可能倒轉、重回採集時代。在把一切交給機器運算之前，人類只剩下一點點時間，去思考「我們是誰？生命的意義究竟是什麼？」原來，哈拉瑞是對的：他不是先知。只是，我們都急切地望向未來，在他的論證裡，或許有人類全體渴求的解答。

原載於二〇二〇年六月《遠見》第四〇八期。

# 國家的繁榮，無法再靠戰爭達成

採訪／楊瑪利、林士蕙
整理／林士蕙

新冠疫情、俄烏戰爭與美中兩強相爭，這些關鍵的大事，已經在短短數年間，改變了全世界。有些專家憂心國際合作的精神不再，以後戰爭發生機率將更高；也有人看好疫情以來的科技與科學創新。未來的人們，將會從這段歷史學到什麼教訓？我們是否正處在一個危機四伏的關鍵時刻？

以《人類三部曲》系列著作享有盛名的以色列歷史學家哈拉瑞，近期便曾藉由TED等線上訪談，表達了他對當下世界局勢的憂心。今年（二〇二一）第二十屆遠見高峰會上，哈拉瑞更透過越洋視訊演講，深刻闡述了他從疫情、戰爭背後，所看到的諸多隱憂，將可能讓全球不再享有長久的和平。

## 新冠疫情的啟發——雖是科學的創新，卻是政治的失敗

首先，二〇二〇年以來的新冠疫情，便讓哈拉瑞看出，現在世界正缺乏一個有高度的領袖來帶領全球一起對抗疫情。他表示，新冠疫情至今最成功的，是科學上的創新。本來從古至今，人類對抗疫情大多時候是束手無策。然而，這次新冠病毒出現後，人們只花了兩星期就能正確辨識病毒；數個月後就掌握了病毒傳播模式；然後在短短一年內完成疫苗開發與生產，堪稱是史無前例的大成功。

只可惜，有好的科學創新，也需要有配套的政策工具來實施，這方面屬於政治家的工作，目前卻是失敗的。

哈拉瑞進一步剖析，雖然像是台灣等單一國家，可以看到不少成功的防疫舉措，若拉到全人類的層面來看，完全是缺乏領導的局面。明明人類可以把病毒當作共同的敵人，團結一致地去對抗它，這樣的合作卻沒有發生。

其實，這次疫情，已發展出相當先進的技術與工具來對抗病毒，全球應該要攜手建置出一個系統，用來預警人們下一次新疫情潛藏的危機，並找出各國即刻協調對抗的機制，那麼，二〇二〇年的新冠肺炎，有可能是人類史上最後一次的疫情。只可惜，這樣的國際合作模式，他還沒看到。

## 俄烏戰爭的省思——戰爭沒有好處，只說明人類愚蠢

至於年初開始的俄烏戰爭，截至今年十月，仍看不出何時能終止戰火。其實，哈拉瑞曾在戰爭一發生時，就公開表示希望戰爭趕緊結束，否則將禍及全世界。如今看來，這場戰爭確實對全球各方面都帶來多種負面衝擊。

談及俄烏戰爭為何會在二〇二二年爆發，哈拉瑞只用簡單的一句話，表達出他身為歷史學家的觀點：「關於歷史，有一個重要的道理是，我們永遠不應該低估人類的愚蠢！」

他進而強調，俄羅斯出兵烏克蘭，本身就是一個巨大的錯誤。普丁錯在誤判烏克蘭人民為獨立而戰的勇敢，更錯在誤判出兵可為俄羅斯帶來的利益。對俄國民眾來說，即使普丁成功從烏克蘭征服了幾塊土地，他們也不會得到任何好處。

同時，從地緣政治的角度來看，這場戰爭正在摧毀俄羅斯以往大國的地位。由於歐美各國都選擇制裁俄羅斯，普丁能依靠的就是習近平領導的中國，結果讓俄羅斯愈來愈像是中國的傀儡。

另外，若從全人類的觀點來看這場發生在二十一世紀的戰爭，哈拉瑞也認為俄烏戰爭毫無意義。因為世界已經改變了，戰爭不再能為任何人帶來好處。

怎麼說？他進一步分析，在過往的時代，對某些國家來說，發動戰爭可以藉著征服鄰國，搶奪鄰國資源變得更強大，因為那時候，經濟的基礎是摸得到的物質資源，比如金礦或稻田。

但如今，世界經濟的動能已不再來自於物資，而是知識。例如：台灣藉著半導體產業建立起傲人的矽經濟，可不是因為島上有可以挖掘的「矽礦」，而是因為擁有科學與管理知識。這些絕不是靠戰爭就能取得的東西。

東亞大國日本，也是一個不靠戰爭成功的典範。哈拉瑞指出，原本在一九三〇年代，日本人普遍認為，只有靠著不斷入侵他國獲取領土，才能讓日本成為強大的國家。事實證明，他們完全錯了。

當二戰結束時，日本身為戰敗國，根據以往的觀點，應該會就此衰亡。然而，即便他們已不再能四處侵略鄰國，藉此獲取對亞洲的控制力，卻在戰後開創了空前的經濟奇蹟。這就說明在現代，一個國家的強大與繁榮，已不再能靠著戰爭完成。德國，甚至近期的中國，也是類似的狀況。

反觀俄羅斯，哈拉瑞認為，這個國家，近年一直在發動一場又一場的戰爭，而它在經濟上實際已經破產了。俄國經濟唯一擁有的寶物，就是石油和天然氣，但在經濟其他面向，卻毫無進步。

在他看來，身為俄羅斯公民非常悲慘，主要是多年來，普丁不斷將經濟資源從醫療保健、教育和社會福利，轉移到軍隊國防上，去建造坦克與囤積砲彈。結果，俄羅斯雖是一個富有資源的國家，人民卻愈來愈窮。

## 戰事對全球的影響——讓各國更分裂，啟動軍備競賽

不幸的是，哈拉瑞認為，俄烏戰爭至今，不只改變了俄羅斯與烏克蘭，也已經對世界產生巨大的影響。它讓各國更加不願意團結。主因是，各國現在已經不願將國家經濟建立在和缺乏信任的國家互通的基礎上，就這樣破壞了多年來全球化的發展。

他剖析，所謂的全球化，基本上是透過相信每個人來完成。因為彼此存在著互信，你可以自由地從任何一個國家取得石油，或者原物料。但是現在全球化已經被各國的缺乏信任給破壞了。

由於講求在地製造，不想在鄰國生產，供應鏈變得愈來愈短。另外，許多關鍵的材料，被限制不能在某些國家取得。這正是助長全球通貨膨脹、物價上漲和經濟危機的原因之一。

更糟的是，哈拉瑞認為俄烏戰爭也正在引導各國政府做軍備競賽。他分析，近幾十年來，由於全球很少大規模的戰爭，許多國家在醫療保健、教育與社會福利上有長足的進步，主要是因為不用把太多預算撥到國防上去。也因此，目前全球的國防預算，大約只占國家整體預算的六％左右，可說是相當低。

只可惜，俄烏戰爭已開始扭轉各國規畫預算的思惟，愈來愈多國家開始考慮提升國防預算，這樣的狀況已經發生。哈拉瑞相當擔憂，若未來國防預算開始暴增，那樣的發展，將是以犧牲醫療保健、教育、福利、科學發展和因應氣候變遷為代價。

此外，哈拉瑞認為普丁侵略烏克蘭，正在對全球做一個糟糕的示範：就像在學校裡，一個惡霸去打了一個較弱的孩子。如果什麼都沒發生，就代表著允許欺凌者打另一個孩子，那麼每個孩子都會開始互相毆打，因為規範被打破了。

相對來說，現在全世界都在關注俄羅斯入侵烏克蘭的情況。如果俄羅斯人僥倖逃脫，那麼，人們將在世界上看到愈來愈多普丁。

而在國際合作層面上，其實現在全球有非常多的議題急需各國攜手，比如氣候變遷與共同制定人工智慧（AI）的標準。

## 人工智慧的難題——急需各國攜手，共同制定標準

氣候變遷以及人工智慧的標準，都因各國不願合作而即將受阻，也是哈拉瑞相當擔憂的議題。

尤其是人工智慧，哈拉瑞認為它看起來可能沒有阻止核武威脅那麼急迫，卻是個相當複雜的議題，急需各國及早理解並進行防範。

為何人工智慧很難解？哈拉瑞進一步分析說，主要原因是許多人都不懂AI背後的涵義，而即便是真正了解的專家，也對於怎麼使用它缺乏共識。然而，人工智慧對人類的殺傷力卻是相當強大。

主要是，AI是歷史上第一個可自行做出決策的技術。舉例來說，好比人們創造了一個殺手機器人，機器人可自行決定向誰開火，以及何時開火，而不是人類。光這一點，就聽來相當可怕。此外，AI也正在慢慢地將以往屬於人類的決定權拿在手中。比如說，你向銀行申請貸款、向公司申請工作，最後下決定的不是人，而是演算法。

這是人類歷史上第一次發生這種情況，人們有失去未來自己控制的危險。哈拉瑞強調，這絕對需要各國政府即起重視，並對其進行監管。只是，這同樣需要

各國恢復互信與合作心態，才能完成。

雖說，人類在每個時代都有不同的難關得度過，但是二〇二二年的難題顯然特別多。哈拉瑞以綜觀整體人類歷史的角度，特別能看出現下全球分崩離析的局面讓許多待解的重要議題進度懸宕，將帶來的衝擊。相信他的深刻觀察，能為此刻正苦思危機解方的各地決策者，帶來關鍵啟發。

原載於二〇二二年十一月《遠見》第四三七期。

科技從來不是必然只有一種用途，而是能有五花八門的使用方式。在二十世紀，同樣是有了電力、火車、無線電，有些社會創造出的是極權專制，也有些社會創造出的是自由民主。而到了二十一世紀，這些新科技有可能是一念天堂、一念地獄，一切就要看我們的抉擇。

——哈拉瑞，《人類大歷史》，頁一二一。

全球大數據權威

# 麥爾荀伯格

## Viktor Mayer-Schönberger

出生｜1966 年

現職｜英國牛津大學網路研究所教授、哈佛大學甘迺迪學院貝爾法科學與國際事務中心研究員

學歷｜奧地利格拉茲大學理學博士

經歷｜曾任微軟、世界經濟論壇等大公司和組織的顧問，公認的大數據權威

榮譽｜馬歇爾・麥克盧漢傑出著作獎、唐・K・普萊斯獎科技政治類最佳書籍

著作｜《大數據》（*Big Data*），2013/05/30

《大數據：隱私篇》（*Delete*），2015/07/23

《大數據資本主義》（*Reinventing Capitalism in the Age of Big Data*），2018/02/27

《造局者》（*Framers*），2021/07/29

《資料煉金術》（*Access Rules*），2022/05/26

以上著作皆由天下文化出版

# 解放人類智慧，成為造局者

文／李國盛、劉宗翰

新冠肺炎持續肆虐全球，各國抗疫手法大不同，但你知道嗎？成敗關鍵往往就在於「思考框架」的認知差距！

以紐西蘭與英國為例，疫情爆發之初，紐西蘭將新冠肺炎當成SARS對付，實施兩個月嚴格封城及一系列配套措施，斬斷病毒傳播鏈；英國卻則將其視為感冒，採取「佛系」防疫。

於是，去年（二〇二〇）六月初，紐西蘭成功止住疫情，被譽為防疫模範生；英國卻至少造成五萬人喪命，死亡率排名全球前段班。

## 人們常滿手數據，卻做出差勁的選擇

「這就是思考框架的威力！」英國牛津大學網路研究所教授、大數據權威麥爾荀伯格接受《遠見》獨家越洋專訪時披露，數據能提升人類做決定的品質，但前提是要先「框」對問題，「我們常滿手數據，卻做出差勁的選擇！」他直言。

麥爾荀伯格自二〇一二年以來，撰寫《大數據》系列暢銷書，推廣數據在生活中的應用，風靡全球。而新書《造局者》看似與《大數據》宣揚的世界觀大相徑庭，精神卻一脈相承。

他解釋，憑藉數據、有實證基礎的決定，確實比起完全沒根據或持個人偏見所做的選擇，結果更佳。但計算數據的框架，是由人類設計，而人類獨有的認知能力，能切換看待事物的框架，獲得不同解決方案。

麥爾荀伯格認為，從各國的疫情政策到個人選擇，人類其實隨時都在建立思考框架，不同的框架，能找出對應危機的不同選項，這也是人類能戰勝機器、獨特的超能力。

在Delta病毒突破全球封鎖線，各國防疫又陷入泥淖之際，《遠見》獨家專訪麥爾荀伯格，挖掘許多獨到觀點，明瞭思考框架之於人類的重要性，以下為專訪精華：

**《遠見》問（以下簡稱問）**：什麼動機啟發你寫《造局者》一書？希望傳達什麼重要訊息？

**麥爾荀伯格答（以下簡稱答）**：在《大數據》系列中，我提出收集和分析數據很關鍵，藉此做出更好的決策。然而，人類所處的環境愈來愈複雜。我們似乎擁有一堆數據，卻經常做出錯誤的決定。

以新冠疫情下，紐西蘭和英國的因應手法來對比，兩國擁有相同的病毒、相同的數據，卻以不同的認知框架來看待疫情，最後的結果天差地遠。

紐西蘭記取昔日SARS的教訓，封城兩個月並實施嚴格的防疫措施，之後疫情緩和，大家過了好幾個月的正常生活；反之英國政府將其視為感冒，採取「佛系」防疫，迎來的卻是國家衛生體系幾近崩潰，死亡率屢創高峰。

這告訴我們，數據雖重要，卻不是形成決策的唯一條件，建立「思考框架」，更是人類決策成敗的關鍵。

## 馬斯克是有趣且優秀的「造局者」

**問：**我們該如何選擇正確的框架？

**答：**掌握框架思惟的關鍵有三個C：因果關係（causality）、反事實（counterfactuals）和約束（constraints）。

首先，人類常透過因果關係來看待世界，多數的因果推論非常有效。我們常問：如果這樣做，會發生什麼？如果那樣做，又會有什麼結果？這使我們在思考時，常會比現實提早好幾步。

至於「反事實」又是什麼？電腦可以計算、可以看過去，但無法洞悉還未發生的現實。然而你可能不知道，人類其實就有此能力，並且我們從小就在磨練這種能力。例如：小時候玩的角色扮演遊戲，無論是扮演店家老闆、醫師，我們在蹣跚學步時，就已開始磨練反事實的技能。

過程中，我們會思考，如果我做為一個老闆，如何要求更高的價格？潛在買家會怎麼做？在哪裡可以操弄潛在的現實？但隨著年齡漸長，我們反而不再這樣做了。

因此，反事實思惟像是肌肉或認知肌肉，訓練不夠就容易喪失。

然後，「約束」則是限制夢想與想像力的因素。我們可以透過訓練，根據現實情況，收緊或放鬆限制，進而操控反事實，改變我們的觀點和意見。

**問：**你的著作很受企業界歡迎，企業界中有突破思考框架的例子嗎？

**答：**馬斯克就是一個有趣且優秀的「造局者」（framer）。人類在一百多年前，其實就發明了電動車，第一輛保時捷問世時，就是電動版本，可惜電池不夠力，馬力也不甚理想。大約十五年前，電池新技術突破了，馬斯克明白電動車原有的限制已消失，他看到了機會，於是催生了特斯拉。

馬斯克也為自己的孩子開辦一所名為「Ad Astra」（拉丁語，意指通往星星）的學校，這所學校只服務特斯拉員工的孩子。在那裡，老師教的不是算術或詩歌，而是教他們「思考框架」，讓孩子透過遊戲等方式，學習建立高達四十多種的思考框架。當孩子面對不同情境的抉擇，就可以去「框架庫」選擇應對的「思惟框架」，從而找出好的方式來解題。

這所學校辦得非常成功，因此該校老師又根據上課內容，創辦一所名為綜合學校（Synthesis School）的線上學校。

該校現在有一千名學生，分散在世界各地。學生每週花一個小時玩「心理模型」之類的遊戲。我兒子也就讀那所學校，他十一歲，我現在正和他談論囚犯的困境和回報，即所謂的「博弈理論」。

我認為教育界需要更多關於心理模型的課程，當新的挑戰出現，甚至是面臨生存抉擇時，我們才會有正確的心理工具來迎接挑戰。

## 賈伯斯善於「造局」，永保創新精神

**問：**除了教育和商業模式，心智模型還會發生在哪些領域？

**答：**太多例子了！當賈伯斯瀕臨死亡之際，最擔心的是蘋果會成為一家陳舊的大公司，並失去創新的力量。

什麼是創新？它不是要你把所有東西都扔掉，就像你不能去重建物理定律一樣，因為物理定律就是一種「約束」。不過，你可以了解哪些地方受限、哪些地方能鬆動，操作這個「約束」，進一步尋求突破。

還記得iPod嗎？二十多年前，蘋果一位頂尖工程師去了日本，東芝給他看了一個小硬碟，告訴他這玩意可以讓筆記型電腦變小。工程師認為，我才不想縮小筆記型電腦，因為筆記型電腦需要長成一定尺寸，才能讓鍵盤大小適中，縮小了，鍵盤並不容易使用。

他把硬碟帶回團隊，團隊成員不斷思考、腦力激盪，終於有人想到，就像改善舊型音樂播放機一樣，只要讓這個新裝置有更強大的儲存功能，事情就變得不一樣了。

昔日，音樂播放機大概只夠存八首歌，需精挑細選。但後來人們可以帶著所有喜愛的音樂出門，一千首、二千首都沒問題。這就是打破一種既定的約束、鬆動原有的約束，新選項突然就跑出來了。

賈伯斯希望保留這種創新精神，因此創立了蘋果大學，以確保通過培訓，並通過企業DNA，該組織保持創新的精神，並渴望建立框架帶來的動力。

因此，造局的重要性不僅在於教育，還適用於組織。如果你是企業老闆，你要思考公司的未來會如何？怎樣才能重塑自己？在面對約束下，哪些限制無法改變？哪些可以鬆綁或移除？讓自己成為造局者，這些就能重新解釋。這就是為什麼我認為「造局」對組織和教育都至關重要。

**問：**你能詳細闡述教育系統如何改變或適應新的框架嗎？你理想的教育制度是怎樣？

**答：**我們要幫助教師去理解，事情沒有標準答案。例如：在學習數學上，可透過不同的方式來解答。如果一個小學生使用幾何學來獲得答案，實際上卻是算術和算術的問題，也沒關係。

以我兒子為例，當我在教他數學時，會先教他如何看待數學問題，並從中找出不同的解決方案。

然後，當老師給了他們一個新問題，他會舉手說：「我有一個更容易的方法！」來解決這個問題。即便老師聽了他的解釋後覺得不如預期，也無妨。

老師必須了解，我們需要思考不同的途徑、策略，途徑不同，也能找出正確的答案。我們心中的道路，並非唯一或最好的道路，如果你能從不同的角度看問題，放鬆約束、收緊另一個問題，就會看到令人驚喜的解決方案。

## 人類要學習與AI共存共榮

**問：**人工智慧（AI）崛起，你認為人類智慧與人工智慧彼此的關係為何？人類智慧能駕馭人工智慧嗎？

**答：**人類漸漸感受到AI的威脅，這並不是說AI是壞的，需要去禁止它。AI的價值與強大，還是令我們難以置信。

但AI並非無所不能，例如人類具有開創的能力，能提出許多還沒存在的選項。我舉個有趣的比喻，一部電腦不會預測到一隻豬能飛，但或許哪天有個瘋狂的發明家說：「我想讓豬飛起來！」那時豬可能就真的飛起來了。有一天，火箭可能被重複使用，人類也可以找到更多再生能源來遏制地球暖化，這些都是AI無法主動辦到的，要靠人腦。

因此，人類可以透過不斷地磨練、運用創新的框架技術，做AI辦不到的事，讓夢想實現。所以我們毋須懼怕AI的進步，應該把它放在最適宜的位置上，將其視為好幫手，讓我們更好。

原載於二〇二一年九月《遠見》第四二三期。

# 人類抉擇，決定數據價值

文／傅莞淇

距離《大數據》一書出版，已經過了九年。巨量資料依然毫不停歇地轉化著我們所處的世界。在不斷提升的雲端運算力支持下，無數企業得以從各式數據中提煉珍貴洞見。深度學習與人工智慧的發展，也使過往只存在科幻電影中的場景，逐漸走進日常生活。

專精資訊經濟、曾三度來台的「大數據」國際權威學者麥爾荀伯格，在當前動盪的國際社會中，仍看見不少樂觀的理由。

## 理想決策需要數據力，也需要心智力

在今年（二〇二二）六月接受《遠見》專訪時，麥爾荀伯格指出，這場新冠肺炎疫情再度提醒了我們，資訊交流有多麼地重要。學界共享病毒基因序列等研究成果，是疫苗得以快速問世的一大原因。疫情間許多民眾願意暫時放棄個人隱私，交出自己的移動資訊，協助官方制定更合宜的公衛政策，也在疫情中帶來一絲希望感。

麥爾荀伯格也提及，有些人認為烏克蘭與俄羅斯的戰爭有著大衛對抗歌利亞的色彩（編按：《聖經》故事中，以色列少年大衛，拿著投石帶，打敗非利士巨人歌利亞）。但從數據觀點視之，這更是一場二十一世紀對抗二十世紀的戰事。面對以傳統戰術進攻的俄羅斯，烏克蘭善用無人機等新式軍備，在數據的支持下進行精準打擊，也迫使俄羅斯投入更多資源，演變至今日所見局勢。

思及九年前書寫《大數據》的初衷，是希望人們能透過蒐集並分析數據，來做出更好的決策。麥爾荀伯格表示，數據確實能發揮這樣的功能，「但回顧過去十年，我想我們少了一個重要的部分。」

因為，好的資料只是做成理想決策的其中一個成分。另一個不可或缺的重要面向，是麥爾荀伯格與合著作者在二〇二一年的《造局者》中深入討論的「心智模型」。

心智模型可視為人類理解世界各種資訊的認知模型。這影響了我們如何看待問題、掌握重點及過濾雜訊。這也表示，以不同的心智模型審視同一批數據，會獲得不同洞見，也會隨之做出不同決策及行動。

「要做出好的決定，我們需要大數據，也需要（適宜的）心智模型。」麥爾荀伯格解釋，「也就是說，在理想決策上，《大數據》與《造局者》兩本書，可看做是同一枚硬幣的兩面。」

這樣一體兩面的關係，也體現在人與機器合作的工作型態上。

## 人類想像力無法被機器取代

上溯工業革命起始，製造、計算等種種人類賴以為生的工作力，似乎就是一再地被機器超越。這也引發許多工作將被機械取代的焦慮。

麥爾荀伯格指出，要預見人與人工智慧合作的未來，就要理解人與機器分工的邊際。機器善於蒐集、計算，並分析大量數據，據此預測未來。如果明天會和昨天完全一樣，那麼這確實就足夠了。

但今日社會面對的多種挑戰是來自於恆常的變化。無論是氣候變遷、社會正義與數位轉型等現象，都顯示明天不會是昨天的複製。要應對這些問題，「我們需要超越已知的範圍。想出現在還不存在的解方，並將之付諸實行。」麥爾荀伯格說，「這是只有人類做得到的事。」

## 為下一代培養「資料素養」

因此，麥爾荀伯格向憂心下一代職涯的父母建議，可著重於培養孩子的想像力與創造力，這些機器沒有的能力。

機器能夠高速運算出許多問題的答案，但只有人類才能提出前所未見的問題。機器無法構想出自己的「心智模型」。

麥爾荀伯格舉例，兒童在扮家家酒時，就自然地展現了想像出不存在的現實的能力。但長大後卻逐漸忘卻了這項人類專屬的「超能力」。麥爾荀伯格認為，我們不僅應多多鼓勵孩童的好奇心，身為成人，也要加強磨練這項技巧。

另一項應為年輕世代裝載的技能，是「資料素養」（data literacy）。就像教導學童語言識讀能力（literacy），並不是為了讓每個人成為暢銷書作家。培養資料素養，也不是指每個人都要成為資料科學家，可讀懂分析大數據的複雜預測模型。

資料素養的核心，是面對數據的批判性思考力。能分辨哪些是可靠、哪些是不可靠的數據，了解數據間的相關性（correlation）等基礎概念。麥爾荀伯格舉例，在日常生活中，你大概不需要把所有三角函數的應用默記在心，「但拿到餐廳帳單時，你得能判斷這個價格合不合理。」

麥爾荀伯格表示，培養資料素養永不嫌早。他也陪伴自己十二歲的兒子，以各種遊戲化的方式認識博弈理論、統計數據等概念。不需用上艱澀的專業詞彙，孩子也能早早培養出這些認知世界的心智模型。

## 資訊壟斷，導致社會創新停滯

誠如麥爾荀伯格的觀察，空有想像力，卻沒有數據的引導與支持，並無法打造出真正有影響力的創新產品或服務。這正是現代社會面臨的一大困境。

在今年最新著作《資料煉金術》中，這是麥爾荀伯格與合著作者蘭姆格

（Thomas Ramge）關注所在。目前，大量資料掌握在少數科技巨頭手中。他人既無法使用，這些公司也因缺乏競爭而沒有善用這些數據的急迫感。結果就是整個社會的創新腳步陷入「瘋狂停滯」中，經濟生產力也欲振乏力。

麥爾荀伯格表示，**iPhone** 固定推陳出新，各種應用程式不斷萌生，讓人感到創新力持續蓬勃發展。但與人類社會在上個世紀的進步相比，這些創新顯得更像是更新，缺乏了「破壞式創新」的深遠影響力。

麥爾荀伯格以自己祖母的人生經驗為例。她在沒有自來水、沒有電力的小鎮出生後，見證了廣播、電視的發展，更別說是網際網路。「在她一生中，從科技、科學到社會，幾乎所有層面都有翻天覆地的改變。」麥爾荀伯格說，「但在我們的人生中，過去二十年幾乎沒有什麼大改變。」

麥爾荀伯格認為，今日的知識需要從資訊中煉成。資訊的壟斷，也就使得許多原本能夠問世的創新因而胎死腹中。

## 邁向開放資料的創新紀元

多國政府也注意到了這個問題。如歐盟、美國等監管機構，便對科技巨頭祭出反壟斷罰則。但麥爾荀伯格認為，目前許多官方做法是治標不治本。若未準確理解臉書集聚大量資訊的機制，即使強制拆分臉書，也會出現下一個「臉書」這樣的資訊壟斷者。

那麼，真正有效的解方是什麼？麥爾荀伯格的答案是：開放資料。官方需要在開放資料的基礎上想像出一套新的監管框架。這需要強大的政治意志，也需要公部門以身作則，率先將數據庫開放給大眾使用。

麥爾荀伯格直言，資料已是創新最重要的原物料。不同領域的專業人士，需要從數據中獲得新點子與新見解。在比較及選擇不同提案時，也需要資料輔佐，提升論述的信度及品質。唯有開放資料，才能讓各地區的發明者與創業者重獲創新的燃料。

資料有幾項適合做為公共財的特質。首先，資料只在被使用時才有價值，但目前超過八成資料連一次都沒有用過。主因就是能夠利用這些資料的人，沒有獲得存取它們的權限，白白浪費了其中的潛能。

其次，資料不會因為分享給他人，就減少了自己擁有的數量。這在經濟學中稱為「無耗損性」。更好的是，當開放給不同的人以不同的方式使用時，還能從同一份資料中開發出更多元的價值。不同數據間，亦能發揮彼此校錯的功能。

## 面對錯誤，才有改善的機會

在落實資訊開放的實踐面，麥爾荀伯格提醒，開放的資料品質也相當重要。由於資料價值會隨著時間快速遞減，開放資料的主要目標是開放最新資料，用以應付現前的問題。

有時，公部門系統過於老舊，儲存的資料格式不易於分享。需要投資升級系統，或利用額外工具匯出可用資訊。在企業端，也應於基礎建設初期納入分享資訊的思惟，而非事後才思考如何挖出有用的數據。

目前各國對開放資料的態度、步伐不盡相同。開放資料，確實代表著社會中許多未盡善盡美的缺陷，也會暴露在大眾面前。但麥爾荀伯格相信，人類社會正是在面對自己的錯誤時，才能改善及成長。

他以航空界與醫學界處理錯誤的態度為例。在航空事故調查中，駕駛員被鼓勵坦承人為失誤，讓他人得以學習如何避免。但在醫療領域中，醫生則有很強的理由不這麼做。結果就是，空安在一世紀間有長足的進步，而醫界卻幾乎沒有什麼改變。

麥爾荀伯格指出，這是每個社會都要面對的抉擇。揭露錯誤並從中學習，或是繼續隱藏黑暗之處，無法進步。這也正如九年前《大數據》提醒的，不應忘記大數據中人性的面向。最終，決定如何善用這些數據來改善自我生活的，畢竟還是人類。

原載於二〇二二年八月《遠見》第四三四期。

「建立思考框架」可以為我們找到一條出路。我們可以運用認知能力建立心智模型，讓自己更能預見後果，選擇更好的替代方案，創造更好的局勢。但這需要一定程度的認知自由，從各種方面加以篩選。我們必須意識到，自己手中就握有了蓬勃發展所需要的一切條件，但前提是我們願意抓緊這份責任、勇氣與想像力，承擔起建立並運用思考框架的角色。

——麥爾荀伯格，《造局者》，頁二三二。

**軟實力之父**

# 奈伊

# Joseph S. Nye

出生｜1937 年
學歷｜哈佛大學政治學博士
經歷｜曾任美國國防部助理部長、哈佛大學甘迺迪政府學院院長
著作｜《強權者的道德》（***Do Morals Matter?***），天下文化，2020/04/30

# 總統的道德選擇，將讓你付出代價

文／林讓均

總統的道德重要嗎？在國家利益與全球公益之間，當權者該如何抉擇？這些大哉問，在民粹當道的政治環境，愈來愈少人提起。然而，在權力重組、規則重訂的疫後新世界，當權者的每一個道德判斷，都將牽動國際政治布局；因此而引發的代價，你我都得承受。

問題是，當權者的「道德」是什麼？又該如何檢視？答案就在「軟實力之父」奈伊的新書《強權者的道德》之中。

這位率先倡議「軟實力」（Soft Power）並出版同名著作的政治思想大師，近來忙著「幫總統打分數」，一一評比二戰以來的美國十四位總統。而評分的量尺就是「道德」。

## 評分三面向：意向、手段與結果

「如果國際政治是一個蛋糕，政治人物往往以利益為主體，『道德』只是妝點其上、使蛋糕看來更漂亮的糖衣！」

曾任哈佛大學甘迺迪政府學院院長並獲選為傑出教授的奈伊接受《遠見》專訪時坦承，長久以來，大家總認為在外交政策上，道德觀點不重要，但這樣一來，常導致歷史的誤讀，後果就是錯估情勢，損傷國家、甚至是全球的利益。

八十三歲的奈伊所關注的道德，並非當權者是否孝順、有禮、講道義等個人倫理，而是以更宏觀的角度，來衡量他們在做外交政策判斷的時候，使用哪一套道德標準？引發哪些區域與全球效應？

曾獲《外交政策》評為全球百大思想家之一，他指出，每位領袖都應把自己國家的利益放在前面，但具有道德思考的外交政策會從寬認定「利益」，好處不局限在自己國家。

例如：二戰之後美國援助歐洲的「馬歇爾計畫」，讓美國得到抗衡蘇聯的歐洲盟友與市場，但是這對歐洲來說，則是振興經濟、加速回復到戰前水準，可達到多贏效益。

然而，並非所有良善初衷，都能成就總統的道德高度。「通往地獄之路，往往是由善意鋪成！」他引用經濟學家海耶克的名言，表示許多人認為善良意圖就是道德，但當權者若沒有相應的手段，仍舊無法成就好的結果。

因此，奈伊以三大面向來評斷當權者的道德，分別是意向（intension）、手段（mean）與結果（consequence），以此做成一張總統評分卡。

他拿這張評分卡為近代十四位美國總統打分數，並以評價高低將總統們分為三種道德等級。

位列前段班的美國總統包括：小羅斯福、杜魯門、艾森豪、老布希。中段班：雷根、甘迺迪、福特、卡特、柯林頓與歐巴馬。後段班：詹森、尼克森、小布希、川普。

雖然，奈伊特別附注川普「任期還未結束，觀察中」，但看得出來，他並不欣賞川普。

攤開川普的評分卡，「意向與動機」面向有兩大指標：道德願景、審慎，奈伊都打上△，代表川普在「傳達有吸引力的價值」，以及「達成價值與風險的平衡」這些項目，表現優劣並見（頁一七六表）。

接著在「手段」面向，奈伊認為川普在武力項目拿到○，至少在派兵適當性與區分軍民目標上，還算做得良好。但在自由主義的指標拿到×，顯得不太尊重體制與其他人的權利。

至於「後果」面向，有受託、世界主義與教育功能三個指標。儘管川普把「讓美國再次偉大」掛在嘴邊，奈伊卻不認同他值得託付，也質疑川普會對世界其他國家的人民造成傷害，並認為川普不太誠實、無視道德價值。

川普這張期中考成績單，七項指標中只有一個○，而△與×各有三個，成績實在不妙。距離

**川普的期中考——道德成績單**

| 項目 | 評分 |
|---|---|
| 良●　優劣並見▲　劣× | |
| **意向與動機** | |
| 道德願景：有吸引力的價值、良善的動機 | ▲ |
| 審慎：價值和風險的平衡 | ▲ |
| **手段** | |
| 武力：比例原則、區分軍民目標、必要性 | ● |
| 自由主義：尊重權力和體制 | × |
| **結果** | |
| 受託：成功地為美國長期利益著想 | ▲ |
| 世界主義：對他人傷害最小化 | × |
| 教育功能：誠實的；擴大道德討論 | × |

資料來源：《強權者的道德》，天下文化出版。

十一月的總統大選只剩四個多月，再加上疫情效應，川普的滿意度恐怕難以拉尾盤。

## 兩大智商，左右外交道德判斷

此次新冠疫情，對川普的確是扣分題。

奈伊指出，能兼具「情緒智商」（emotional intelligence）與「情境智商」（contextual intelligence）的領導人，較有機會平衡前述的道德三基準：意向、手段與結果，獲得較佳防疫表現。

以此標準，他點名德國總理梅克爾、紐西蘭總理阿爾登都是抗疫一把手，台灣與南韓也都表現不錯，「很不幸，我無法將川普列入這些優秀名單中！」

奈伊表示，所謂領導人的情緒智商，指的是控制情緒的能力，使其不至於扭曲判斷，還能與人進一步交好。而情境智商則考驗領導人如何掌握權力的流動、成功的潛在契機。

「可惜，川普的情緒智商出了名的差！」他說，川普非常自我中心、自戀人格，所有的判斷是根據他的情緒反射與需求。這導致他不夠專注於科學證據，在疫情早期甚至將新冠病毒當成一般感冒來因應，還不顧醫生警告，錯誤宣傳羥氯奎寧為治療解方。

而差勁的「情境智商」則讓川普攻守失措，導致全美疫情肆虐、死傷重大，這也讓川普民調從疫情早期超過六成，暴跌至五成以下。

在當前的嚴峻時刻，美國究竟需要哪一種總統？奈伊推崇美國第四十一任總統老布希（George H. W. Bush），認為他兼具情緒智商、情境智商，當年他不開一槍就成功帶領美國走出冷戰、讓東西德統一在北約組織體制中，「我們正需要這種穩健的（領導）好手！」

曾在柯林頓時代擔任國際安全事務助理國防部長、國家情報委員會主席等要職，奈伊對美國外交政策兼具宏觀視野與執行經驗。

他回憶，一九八九年當柏林圍牆倒塌時，很多人問老布希怎麼不對此大肆宣揚，老布希只淡淡回了一句：「我不打算在（柏林）圍牆上跳舞，我還得跟戈巴契夫（當時蘇聯領袖）商量要事呢！」

老布希以圓融的外交手腕與政治判斷奠下歷史地位，但他的兒子、美國第四十三任總統小布希（George W. Bush），卻像是一個反向對照組。

奈伊觀察，在二〇〇三年出兵伊拉克時，小布希有很好的出發點，例如想要剿滅恐怖份子、推展自由民主。但他無法平衡價值與風險，並無端宣稱「伊拉克有大規模毀滅性武器」，以此在伊拉克使用不合乎比例原則的武力，手段正當性嚴重打折，引發全世界反感。

總結近代這十四位總統，奈伊認為多數是「世界主義傾向的自由派現實主義者」，也就是結合現實主義、世界主義與自由主義等三種政治主張，從中達成平衡。

他提醒，領導人固然要先以自己國家的利益為出發點，「但不能止於這裡，一旦國家安全等基本需求被滿足，領導人就該多思考人權、民主等自由價值！」否則，後果將是全民、甚至是每一位地球公民都需要共同承擔。

例如哪些後果？對於許多老一輩美國人來說，至今共同的痛就是「越戰」。美國對越南積極出兵始自甘迺迪總統，接下來的詹森總統擴大戰事，最後在尼克森總統時代退兵。最高峰時期，一度有五三．六萬名美國大兵在越南前線作戰。總計三任總統、十三年間，美國戰士死亡將近六萬人。

奈伊沉痛指出，這個悲劇原本可以不必發生，或是提早結束，但因為「怕被看成懦夫」、「怕美國被當成姑息主義者」，所以詹森擴大出兵。

而因為怕背負「是我任內丟掉越南」的罵名，尼克森製造了一段「體面的間隔」(decent interval)。也就是，他主政三年、等時間長到足以向國人宣示「我努力過」，才正式從越南退兵。

「尼克森結束了越戰，卻付出了極高的道德代價！」奈伊表示，拖延的這三年之中，一共有兩萬一千一百九十四名美軍陣亡；等於是為了幫尼克森撐住面子，多犧牲了兩萬多名美國子弟，到最後越南仍被共產黨全部接管。

有些代價，則要人類全體來承擔。像是川普上任不久即退出《巴黎氣候協定》，但美國卻是產製溫室氣體的大戶，與中國合起來占比達全球的四〇%。

在多邊架構破碎，全球走向單極、保護主義的今日，曾經推倡軟實力，以及巧實力(Smart Power)的奈伊，至今不改其志，然而他更焦慮了，尤其對中、美兩大強權的爭霸戰。

## 新冠疫情，讓中美關係變更糟

「中、美關係將歷經一個艱難時期！」六月下旬，在為天下文化新書發表會拍攝的影片中，奈伊坦言，新冠疫情恐怕會讓中美關係變得更糟，但在對抗疫情、氣候變遷等全球議題，兩強除了合作，別無選擇。

奈伊給川普、習近平的疫情領導力，都打上不及格的分數，表示兩強若持續做出錯誤的道德判斷，皆難以在疫後新世界重拾霸權地位。他也不認為中國會趁機超越美國，因為習近平在初始隱匿疫情，讓全球付出極大代價，已重創中國的公信力。

這些案例在在證明，當權者的道德不應被當作「蛋糕上的糖衣」，否則代價將難以想像，最終只會做出一個走味的蛋糕。

「這套道德思考架構，希望幫助強權者做困難的決定！」已屆耄耋之齡，卻仍心繫國際事務，奈伊提醒民眾應該監督當權者的道德判斷，而你的領導人是否願意「國際合作、共抗病毒」，將是第一個檢驗指標。

---

原載於二〇二〇年七月《遠見》第四〇九期。

領導人是受託付的管理人。我們投票選出他們來保護我們的利益。但是他們應該如何界定和代表我們的利益？我們希望我們總統的外交政策有多道德？而它代表什麼意思？我們對國境之外的事務有職責嗎？我們能夠——事實上，我們應該要——試圖「讓世界變成更美好的地方」嗎？

——奈伊，《強權者的道德》，頁三二一。

**唐獎第五屆永續發展獎得主**

# 傑佛瑞・薩克斯
# Jeffrey D. Sachs

出生｜1954 年

現職｜美國哥倫比亞大學教授及永續發展中心主任、聯合國永續發展解決網路主席、《刺胳針》COVID-19 委員會主席

學歷｜哈佛大學經濟學博士

經歷｜曾任哥倫比亞大學地球研究所主任、聯合國祕書長特別顧問

榮譽｜藍色星球獎共同獲獎者、法國榮譽軍團騎士勳章、兩度入選《時代》百大影響力人物、於全球獲頒 38 個榮譽博士學位

著作｜《文明的代價》（*The Price of Civilization*），2022/07/29

《永續發展新紀元》（*The Age of Sustainable Development*），2022/07/29

以上著作皆由天下文化出版

# 實現永續發展，台灣是關鍵要角

文／傅莞淇

永續發展不是一個新穎的概念。早在一九四八年，守護自然資源永續性的「國際自然保護聯盟」（IUCN）便成立，但過去十年，看在參與聯合國永續工作已久的薩克斯博士眼中，有著特殊的意義。

「這正好是打造聯合國永續發展目標（SDGs）的十年。」薩克斯表示，「自二〇一二年來，我們討論、採納這些目標，如今已在政府、企業與民間層次落實生根，發揮全球性影響，協助我們改變世界經濟的走向。」

## 推動永續十年有成，知識、治理進展顯著

六十七歲的美國哥倫比亞大學教授薩克斯，不僅從頭參與十七項永續發展目標的制定及倡導，更為此建立智庫系統「聯合國永續發展解決方案網路」（SDSN），來支持各國達成這些目標。他自己曾主持SDSN七年。目前，網絡遍布全球一百三十七個國家、超過一千五百名成員，台灣也有七個學術機構或組織參與其中。

薩克斯觀察，永續發展的概念，在這十年有長足的進展，尤其在知識、治理兩個層面，更是明顯。

當挪威前首相、唐獎永續獎第一屆得主布倫特蘭（Gro Harlem Brundtland）領導的聯合國委員會，在一九八七年發布的報告中為「永續發展」給出明確定義時，它更是個道德取向的概念。然而在諸多學者、倡議人士的努力下，永續發展逐漸發展成一門知識性的學科，也出現專門的碩博士學位及研究中心。

也就是說，這不只是守護下一代的道德責任，也成為一種理性看待世界的系統性思考，有了結合物理環境、工程系統、社經文化背景的分析框架。

在布倫特蘭任職世衛組織總幹事時，薩克斯曾與她共事，擔任總經及健康委

員會主席。薩克斯自陳：「從布倫特蘭博士身上，我學到很多。不只是將這個道德概念轉化為一個具科學基礎的概念，更成為一個實務的治理概念。」

薩克斯指出，永續發展行動講求三十年期的展望，以及跨領域、跨國界的合作關係。「這要求我們在解決問題時，採納更長期性、整合性的思考，大學、政府及企業的多元合作關係。」他表示，「這改變了政府運作的方式，也改變政策制定的流程。」

**危機！國際治理及協商品質欠佳**

在科學思考的框架，以及全球治理的基礎上，我們都更有底氣打造一個永續的未來。但，人們何以變得更擔憂了？

「比起十年前，當前的環境變得更複雜了。」薩克斯直言，不僅自然環境更惡化，經濟落差更劇烈，還有戰爭未歇、新冠肺炎疫情的陰霾、更緊繃的地緣政治……但，面對如此高難度的挑戰，目前大部分國家的治理品質卻都不如人意，不利於推動永續發展。

這其中，有兩大箝制的因素。

第一，現今的挑戰涉及複雜的技術性議題，各國政府領導階層大多無力通盤理解，遑論是提出完整解決方案。薩克斯指出，無論是設計新的能源系統、調適氣候變遷的衝擊，或是控制疫情，都需要深厚的科技知識。缺乏這些知識的政府難以做長遠規畫，只能回應非常短期的危機，「這是非常大的問題。」

第二，我們面臨全球性的危機，但應對的政府人員卻代表著各國的利益。之間的落差，使得合作變得困難。薩克斯親身觀察，在國際會議時，比起與彼此討論，各國代表更重視的，是向本國人民展示自己的立場。「在應該彼此合作的場合，他們回應的，卻是自己國內選民的訴求……全球性協商非常不足。」

薩克斯認為，於初春爆發的俄烏戰爭，以及近來升溫的美、中對抗關係，也是國際外交失能的實例。這些困境，原本是可以透過對話避免的。

透過對話，才能理解他人的觀點，清楚彼此的差異，這也是國際合作的重要基礎。薩克斯期望，美、中這兩個碳排大國，能建立良好的溝通關係，如果關係能改善，也能為台灣開啟更多機會。

## 科技力！東亞可望領導能源轉型

曾為美、歐、亞、非洲多國提供經濟政策建議的薩克斯，細心研究過台灣成為數位世界領先經濟體的成功案例，以及台灣在東亞地區的地位與貢獻。他指出，台灣、乃至於東亞整體，在全球永續發展中，扮演非常決定性的角色。

這是一體兩面的角色，是挑戰，更是機會。

包括中國，許多東亞國家都是倚賴化石燃料的經濟體，也因此面臨能源轉型的龐大壓力。同時，在中、日、韓與台灣的領軍下，東亞也是全球科技能量最活躍的地區，擁有以科技解決能源挑戰的龐大實力。

「今日能避免環境危機的關鍵，在於科技。」薩克斯直言，「我們需要新的能源模型，包括能源的生產、儲存與使用……我們需要從電動車到智慧電網，乃至於商務、醫療、教育與治理的多種層面應用。我們需要台灣在其中做出領導性的貢獻。」

薩克斯表示，東亞既然是半導體世界的中心，也就等同是數位時代的核心。此外，優秀的人才庫更是推動科技的重要資產。台灣能提供能源轉型所需的硬體、軟體，以及可能的新模型，這不僅能造福世界，也有助於台灣自身的永續發展與經濟繁榮。

在推動能源轉型上，薩克斯給出兩大方向的建議。一是設立清楚的全國性框架。因為能源轉型不會一夜發生，無論是企業或市場力量，都無法獨力完成。台灣政府必須有一個整體性的策略，包含建築、交通、工業、數位化與能源等面向，提供相關法律、監管、稅收、獎勵框架與公共基礎建設等資訊。

第二項可能較為複雜，但同樣重要，就是進行區域性合作。不僅是與中國、日、韓等東亞國家，也擴及東南亞、大洋洲等地。例如：薩克斯觀察，蒙古有著龐大的風能與太陽能發電潛力，可透過陸路及海路運送到鄰國，協助打造一個東北亞電網。可惜這樣的區域能源整合，目前還欠缺政治互信的基礎。

區域合作，也直接與台灣自身的能源政策有關。在淨零排放路徑中該不該納入核能？再生能源的比例目標該如何調校？要回答這些問題，必須對能源選項進行正式的量化分析，且台灣擁有的選擇，也受到區域條件的影響。

薩克斯解釋，這是因為能源系統都是相互關聯的。氫能的供給情況、海底電纜的連結網絡，這些都不隸屬於本國政策範圍內，需要在區域脈絡中，進行通盤了解與評估，科技進展亦會持續提供新選項。

「我的建議是，準備各種替代方案。」薩克斯表示，「使用核能進行能源轉型，會是什麼樣子？不使用核能又是什麼樣子？有沒有區域電網的支持，會有什麼不同？哪些是可行的選擇？在評估成本、融資機會、技術限制以後，你就能找到答案了。」

## 挑戰！協助年輕一代接下永續大任

在永續發展的路上，薩克斯自覺已走了五十年之久。一九七二年，當他進入哈佛大學經濟系時，世界在那一年發生了三件大事：聯合國人類環境會議，提出《人類環境宣言》，第一篇以電腦預測環境風險的報告《成長的極限》出爐，《生態學家》雜誌出版《生存藍圖》。可以說，在職涯的開頭，他便意識到永續發展的意義與重要性。這也正是薩克斯對年輕一代抱持希望的原因。他相信，現正展開專業職涯的年輕人，對永續發展的認識，比當前的年長領袖多上許多。

發表過數百篇論文、十餘本專書的薩克斯，目前正在撰寫一本屬於二十一世紀的經濟學論述。這會是一本擺脫過去弱肉強食的帝國思想，引導二十一世紀的地球公民，打造具有社會正義的共好經濟體著作。

「這個世代最大的挑戰，是全球合作及永續發展。」薩克斯說，「協助年輕人了解這些議題，具責任心地接下權力，就是像我這樣的老教授，必須執行的任務。」

原載於二〇二二年九月《遠見》第四三五期。

永續發展的規範面必須包含四大基本支柱：經濟繁榮，社會包容性和凝聚，環境永續，以及政府和企業的良善治理。這不是件容易的事，不乏各式各樣的挑戰，然而這件事攸關重大。在這個擁擠、分配不均和退化的星球上，實現永續發展，是我們這一代所面對的最重要挑戰。

——薩克斯，《永續發展新紀元》，頁一八。

**國際 ESG 權威**

# 喬治・塞拉分
## George Serafeim

現職｜哈佛商學院講座教授

學歷｜希臘比雷埃夫斯大學學士（主修銀行、財務管理）、倫敦政經學院碩士（主修會計、金融）、哈佛大學工商管理博士

榮譽｜哈佛商學院最年輕榮譽教授、哈佛商學院影響力加權會計研究計畫（**The Imapact-Weighted Accounts Project**）共同主席、氣候與永續發展影響 **AI** 實驗室首席研究員、**G7** 七大工業國針對企業透明度和整合報告的工作小組成員

著作｜《目的與獲利》（***Purpose and Profit***），天下文化，2022/08/31

# 做好事、賺大錢，能兩全

文／張彥文

從CSR（企業社會責任）到ESG（環境、社會及公司治理），對傑出企業的要求，早已從財務面的股東報酬，延伸至對社會發展、人類生存、環境永續等更高層次的要求。

但在二十年前，相關研究即使在歐美也乏人關注。美國哈佛大學商學院講座教授塞拉分堪稱是ESG領域的先行者。

近二十年前、還在哈佛商學院就讀博士階段，他即投入相關研究，當時這是一個很冷門的學問，許多人勸他放棄這個研究領域。

沒想到，ESG如今成為全球企業新顯學，他也成為美國學界及業界ESG領域的鼓吹者，更是多國ESG政策制定的關鍵人物。

## 見證ESG從黯淡到輝煌

過去幾年來，塞拉分曾任世界最大永續領導機構永續發展會計準則理事會（SASB）首屆顧問，奠定第一套全球企業ESG的財務披露標準，更是影響七大工業國ESG政策制定的關鍵角色，曾被美國著名金融雜誌《巴倫週刊》認可為「ESG投資領域最具影響力的人物之一」。

塞拉分的研究聚焦於了解ESG策略，如何影響企業的財務績效，成果跨越國界，曾在超過六十個國家發表。在全球社會科學領域商業類超過一萬兩千名的知名作者當中，塞拉分名列前十大最受歡迎的作者。

這位國際ESG權威，出生於希臘首都雅典，畢業於希臘比雷埃夫斯大學（University of Piraeus），之後於倫敦政經學院（LSE）取得會計金融碩士學位，並在哈佛大學商學院獲得工商管理博士。

雖然塞拉分在ESG相關研究的領域居於領導者，但其實，這並不是他最初的人生志向。

進入哈佛商學院前，塞拉分在一家保險公司工作，那時他對於企業的使命，和營利能否並存這類議題的感受，是「與我的人生無關」。

但進入哈佛商學院之後，塞拉分認識了一個關鍵人物，成為他的好友及學術夥伴：尤安尼斯．伊奧安努（Ioannis Ioannou）。伊奧安努畢業於耶魯大學，再至哈佛大學取得碩士和博士學位。兩個人在博士班同學期間開始討論企業應該如何對員工更好、減少汙染、重視誠信等。

但他們發現，當時很少人認為，這些問題和股東的利益一樣重要，反而相信如果企業以社會利益優先，就無法專注於核心目標（賺錢），導致「懷抱社會利益」無可避免地會變成公司績效的阻力。

在今年（二〇二二）八月，塞拉分出版最新ESG專書《目的與獲利》，繁體中文版與英文版同時上市。他在書中分享不少研究ESG的過程與不為人知的祕辛。

新書指出，二〇〇三年左右，他開始投入ESG相關研究，當時學術界關心這個議題的學者極少。

探究ESG之初，塞拉分發現幾項問題：首先，很少公司提供關於勞動力多樣性、職業災害、員工福利、耗水等等的相關數據。然而，要建立衡量ESG相關影響的模組、了解企業正在從事的工作，都需要數據。缺乏數據成為初期研究上的一大障礙。

其次則是紐約華爾街的態度。許多分析師認為，如果一家企業努力為社會造就正面的影響力，顯得不務正業，也會成本大增；導致在分析師眼中，這些公司的前景難以樂觀。

反之，不這麼做的公司，分析師就認為值得投資。「我們怎麼能活在一個因為做好事而遭到懲罰的世界？」塞拉分深感錯愕。

當時，企業界和金融界有一種思惟，認為實際觀察企業對客戶、員工和環境的影響，是不明智的，這與推動組織內部的價值毫無關聯。

塞拉分開始認真思考：做有利於社會的事，居然會削弱公司未來的績效，我們應該接受這樣的認知嗎？或者可以努力改變？

若是企業賺錢之餘，希望做有利於社會的事，要有哪些條件？他大量發表論文，與伊奧安努共同撰寫的〈企業社會責任對投資建議的影響〉，入選二〇一〇年美國管理學院的最佳論文獎。

雖然二〇一〇年時，塞拉分已在學術界嶄露頭角，相關的研究也逐步受到重視，不過，金融界的態度仍然沒有太大改變，所謂的ESG仍不成氣候。

塞拉分回憶，二〇一一年時，他曾在一場大型機構投資人的論壇中發表相關研究，現場百餘名的投資專家，對於他所提出的論點毫無興趣。

這對一個初出茅廬的大學教授來說，不啻一記重擊，因為他當時還未獲得教授的終身職，連在這個新領域發表論文都困難重重，所以很多朋友勸他，如果還想繼續學術生涯，或許應該放棄了。

## 二十年解析上萬家企業實例

是否該放棄？一度讓他深陷兩難。幸運的是，他堅持下來，堅信氣候變遷、生物多樣性、產品的安全與品質、職場公平性等議題，並不僅是道德層面的軟性訴求，而是涉及企業長遠發展，甚至人類永續生存的重要關鍵。

要扭轉人們的認知，就必須提出堅實的證據。塞拉分開始創建了解公司行為的指標，與量化的分析架構，希望企業開始了解：一個圍繞環境、社會和治理問題的新興領域正在形成。

過去二十年來，他一共分析了一萬家以上的企業，實際執行超過三十筆的田野調查，並於學術期刊和知名國際媒體發表了無數的論文和相關報導。包括《哈佛商業評論》、麻省理工學院的《史隆管理評論》，以及《紐約時報》、《彭博社》、《金融時報》、《經濟學人》等。

這些研究向外界證明了一件事：企業領導人需要新的管理典範，在這個典範裡，ESG必須深植於策略和營運之中。更重要的是，他的研究提出了實證：做好事和賺大錢，是可以兩全其美的。

實證的關鍵之一是數據化。以往企業或投資機構對ESG無感的最大原因是缺乏證據，因為傳統的財務報表難以呈現企業致力ESG所帶來的實際效益，所以無法說服股東與投資者。

塞拉分認為，如果沒有這些數據，外界就會認為公司的成長與獲益，和ESG毫無關係。唯有提出重視ESG，公司就能愈成功、更永續經營與獲利提升的證據，才能說服大眾。

一開始，塞拉分也碰到一個問題，雖然不少公司發表永續性報告，但都是獨立於財務報告之外，讓人很難看出財務績效與永續性績效之間的關係。

為了解決這個問題，必須調整傳統的會計衡量指標，將ESG可能產生的各種類型影響具體化。像是改善產品生產流程，或是改變人力發展政策，最終會如何影響到損益表當中的營收數字或成本。

如此，企業便可以大聲對外宣示，投入ESG的支出，是未來能為企業帶來長遠獲益的投資，而不是一筆費用。

這也是由塞拉分擔任共同主席的哈佛商學院「影響力加權會計研究計畫」（The Impact-Weighted Accounts Project）推動的重點：讓企業以財務面的量化數據，來呈現社會和環境面的影響。

怎麼做呢？首先，將所有類型的社會和環境面影響，轉化為管理階層和投資者能夠理解的可比較單位；其次，讓這些量化數據進行有意義的彙整和比較，也不會掩蓋決策所需的重要細節。最後，同時顯示財務和影響成果，並採用現有的財務和業務分析工具，來評估公司績效。

## 實踐ESG已成企業重中之重

另外，二〇一一年在美國舊金山成立的全球性非營利組織「永續發展會計準則理事會」（SASB），也於二〇一八年發表了更全面、完整，質化與量化並行的永續會計準則，將可能影響財務狀況與營運績效之ESG議題列出，已逐漸被全球企業採用。

身為SASB成立時的首屆委員，塞拉分讓企業透過一個共通性的財務編列準則，與所有的利害關係人溝通ESG層面的具體成效。

經過多年推動，近年來全球企業在ESG資訊揭露的品質已大幅提升。根據塞拉分研究，二〇一一年被納入標普五百指數的上市公司中，不到二〇%揭露ESG訊息，但到了二〇一九年，這項比例已高達近九〇%。「如果你的公司不這麼做，就意味著有見不得人的事。」塞拉分如是說。

「時勢造英雄」，投入ESG研究二十餘載，塞拉分基於他的遠見，取得了如今的成就。一路走來，他強調這段歷程讓他深刻體會，要經營一個成功的企業，或做出有意義的社會貢獻，都是艱巨任務，卻是關乎人類未來生存的必經之路。

【遠見看大師】

採訪、整理／張彥文

# 獨家專訪喬治．塞拉分，暢談《目的與獲利》
## 組織信念一致，ESG才能加速擴散

全球ESG研究權威塞拉分，八月將出版新書《目的與獲利》。出版前夕，他接受《遠見》與《哈佛商業評論》全球繁體中文版的越洋專訪，暢談ESG最新思潮。

以下是訪談精華摘要：

**《遠見》問（以下簡稱問）**：你的新書書名為《目的與獲利》。過去台灣企業界比較少用「目的」。目的是什麼？企業該怎麼創造？

**塞拉分答（以下簡稱答）**：企業發展ESG的目的，是一個被廣泛討論的話題，卻也是最撲朔迷離的。我們必須先了解什麼是「目的」。

首先，目的不是你可能在總部的牆上看到的文字，也不是在會議期間做出的聲明，目的是組織內部員工心中有關於工作意義和影響的信念。

企業目的有許多內涵，包括一致性的員工信念、組織試圖追求的方向、員工是否被授權幫助企業為該目的做出貢獻，以及該目的之明確細節等等。不過我認為，最關鍵的是，企業如何在組織內部維持全體一致的動能，因為現實中經常發生的是，管理層可能會說一套，但實際做出來又是另一套。

組織要建立這種一致性的信念，才能塑造出一種強烈的感受，從管理階層到中階主管，甚至是組織中的每一份子，這種擴散力量才能幫助公司建立更強健的企業文化。

## 優化企業文化，創造一致性動機

**問：**為什麼一致的信念和共同的價值如此重要？

**答：**很多傑出企業都很重視企業文化，文化的作用是在員工之間創造一致性，也創造一種強烈的工作動機。當企業面臨競爭時，企業文化所發揮的引導作用就如同天空中的北極星之於旅人，告訴組織中的成員什麼是優先事項，而且應該往哪個方向才能達成。

**問：**有沒有「塑造目的」的成功例子？

**答：**企業必須透過組織文化創造其目的性，不管在任何地區、文化，或是供應鏈型態，都是必須的，而這樣的企業，東西方都有，我覺得美國的特斯拉和中國的寧德時代都是好的例子。像特斯拉就有一個明確的發展目標：加速過渡到可持續性的能源。寧德時代也類似，它的主要任務是降低電池的成本，但目標同樣是追求能源的永續發展。

**問：**對於還沒有明確「企業目的」的公司，要怎麼開始建立？

**答：**這是一個很好的問題。許多公司經常可以見到一種錯誤，就是在沒有正確理解組織競爭地位的情況下，試圖從外部強加一個目的給組織，並採用一個實際上不適合公司的「企業目的」。

要理解企業宗旨，你需要回頭來思考組織試圖努力的方向、組織的競爭地位、戰略是什麼？是什麼讓員工在早晨醒來時，感受到強烈的使命感，並試圖去達成？這就是目的如何誘導組織實踐的方式。不同公司在不同的環境中運作，他們面臨的環境和挑戰各異，所以公司的目的應該反映各自的獨特情況。

## 業務執行、長期戰略須保持平衡

**問：**你會給企業什麼建議，以形塑企業的目的？

**答：**企業必須先反思以下問題：我們所提供的產品和服務是什麼？為客戶或消費者存在的目的為何？我們提供的解決方案是什麼？我們正在解決什麼問題？然後，問問自己，如果能擴大業務和生產服務，如何真正對社會產生更積極的影響，建立一種促進達成相關目標的機制。

**問：**通常落實ESG需要長遠布局，但CEO也背負獲利的短期壓力。如何兼顧獲利與長期發展？

**答：**這的確是管理階層巨大的挑戰。一方面要在短期內展現績效，證明自己的能力，但真正重要的是你的長期承諾，你要把企業帶向何處？

與ESG相關的諸多項目，在初期可能需要大量投資，也會影響到獲利。但我們看到許多例子，能抵擋住短期的壓力，公司就能翻轉獲益，因為他們建立更好的聲譽，變成更好的組織，更有長期性的競爭力，甚至可以進一步做長遠的布局規畫和投資。

所以，我要提醒CEO們，短期利益實際上會導致對長期競爭力的損害，尤其是當企業面臨衰退壓力時。這是一個兩難的局面，我認為，關鍵並不在時間長短，而是CEO必須致力於降低兩者之間的矛盾，並在短期業務執行和長期戰略計畫間保持平衡。

## 微軟協助客戶創新，帶動自身成長

**問：**在你的研究中，有沒有看到兼顧短期獲益和企業長遠發展的範例？

**答：**我認為微軟是一個很好的例子，這家公司創造了極高價值，他們的產品影響到非常多使用者。

然而進入二十一世紀，微軟面臨到很大的挑戰，很多人覺得他們太依賴視窗系統（Windows）的獲利，公司出現衰退危機，所以大家開始質疑微軟的前景，認為公司的方向不明，未來的發展堪憂，但實際上微軟的客戶仍然不斷增加，利潤也在提升。

所以他們嘗試轉型，並創造新的收入。帶領微軟轉型成長的關鍵人物，正是現任執行長納德拉（Satya Nadella），其展現出的遠大目標令人印象深刻。他自問：如何才能重新找到公司目標？他認為，領導者不該只想著如何賣出更多現有的產品，而應該思考，怎麼樣才能使客戶透過企業所銷售的產品，達到他們追求的目標，解決他們的問題？

一旦領導者能夠採取這種長期利益導向的觀點，之後提出的各項行動，像是微軟推動的雲端運算，就會成為更直接的商業機會。

我要強調，微軟的執行長沒有執著於如何賣出更多的微軟產品，而是轉向協助客戶參與數位轉型的浪潮，這樣的態度導致微軟的創新和新一波的成長。

## 亞洲企業推動ESG，須強化溝通力

**問：**亞洲企業也開始重視ESG，和歐美企業相比，你對亞洲企業有什麼觀察？

**答：**這是一個很有趣的話題。我跟亞洲企業有相當多的接觸，包括日本、韓國、印度、新加坡等國，很多都是大型跨國企業。我認為，許多亞洲企業在ESG的表現十分傑出，卻並未得到國際的充分認可。

為什麼？主要看我們採取什麼指標來衡量企業的長期價值，如果是採用傳統的價值標準像是策略、原則、執行等層面，許多歷史悠久的亞洲企業可能會得分偏低。

但如果換個角度，這些公司之所以存在多年而不墜，是因為他們在某些面向表現傑出。例如為客戶創造特殊的價值，或為員工創造了一個富有成效的工作環境等。舉例來說，我曾經去韓國參訪汽車製造商，發現他們正在發生驚人的創新，嘗試生產價格合理、安全、具備出色性能的汽車。

另外，像印度的阿達尼集團（Adani），這家公司從進出口貿易起家，逐步轉型為全世界最大的再生能源公司之一。包括台灣有愈來愈多的企業投入永續發展、循環經濟等領域。當然，我相信這些企業仍然有成長改善的空間，但我認為這些亞洲企業在投入ESG面向上的努力，值得國際間更多的注目和肯定。

**問：**那麼亞洲企業如何改善ESG的國際形象？

**答：**溝通很重要，現今對企業的要求是提升透明度，並且積極對外說明他們對社會能夠產生的正向影響力及價值。

當然，這不是一件容易的事，我投入ESG相關研究多年，也在商學院任教，發現有一個很大的關鍵問題，就是大家還不是很清楚如何衡量企業帶來的影響，以及如何發現這些影響，因此很難理解哪些類型的影響比其他的影響更重要，我們也就很難對世界各地的企業進行正確的描述和評估。

舉例來説，一個人如果想要進入一個真正對社會有影響力的企業工作，但他無法掌握相關訊息時，就會錯失機會，對於企業利害關係人也是同樣的道理，沒有足夠的訊息來評價企業，同樣會讓人無所適從。

## 組織扁平化，有助吸納更多人才

**問：**能否説明對外溝通的實際做法？

**答：**我有三項建議。第一，找到有影響力的成果，並且積極對外溝通企業推動ESG的影響力，不只説明你的意圖，而是要有一個堅實的框架來溝通。

第二，企業必須將這些具有影響力的成果當作優先事項，並思考如何利用這樣的競爭優勢，擴大產品和服務的規模，以及讓人人都能負擔得起。這些都是ESG架構中，衡量企業影響力的重要指標。

第三，企業應該更深入地照顧員工，讓組織更扁平，減少層級。現在許多知識型的組織，都在致力於組織的扁平化，不但可以吸引更多人才，還能夠讓員工主動成為公司的形象大使，這是對外溝通時，最有説服力的證明。

**問：**你的新書《目的與獲利》，你最喜歡哪個章節？

**答：**這本書是我致力於ESG相關研究及與諸多企業面臨的挑戰和機會的彙整，整個醞釀長達十二年，要我挑選其中一個最喜愛的章節是一件很困難的事，就好像你問我最愛哪一個孩子一樣。不過如果一定要選，我想會是最後一章，這章談到個人是否與組織契合，這是一個非常個人化的章節，對我個人也意義重大。

每個人都有選擇的權力，而且你的選擇可以創造社會的改變。就像我常常問我的學生，對他們來說，什麼是更重要的？是你目前工作與你人生目標的契合度，還是未來的發展？

這種思惟可以讓人更自在地選擇生涯道路，如果你考慮的不是一開始工作的情況，而是日後發展，就不會受困於選擇。你可以改變組織，也可以離開。你可以著眼於整個發展軌跡，不必擔心眼前的情況。又或許你寧可選擇契合度低，但能發揮影響力的地方，在日後促成改變。

原載於二〇二二年八月《遠見》第四三四期。

我想要傳達最重要的教訓是：我們不但有可能將目的和獲利結合，甚至可以帶來龐大的回報。但這並不容易，也無法保證會成功。無論是經營一個成功的企業，或是對有意義的社會變革做出貢獻，都不是簡單的事。兩者都是艱難的挑戰。

——塞拉分，《目的與獲利》，頁一九。

# 疫後新局

**同理心**——珍古德（Dame Jane Goodall）

**使命**——何大一（David Ho）

**重生**——拉古拉姆・拉詹（Raghuram Rajan）

## 黑猩猩之母

# 珍古德
# Dame Jane Goodall

大塊文化提供

出生｜1934 年

現職｜靈長類動物學家、國際珍古德教育及保育協會創辦人（自 1977 年起）

學歷｜劍橋大學動物行為學博士

榮譽｜英國女爵士、聯合國和平大使、唐獎第四屆永續發展獎得主（2020 年）

著作｜《用心飲食》（***Harvest for Hope***），大塊文化，2020/02/27

# 這場疫病，是人類自己造成的！

文／林讓均

已屆歲末年終，你如何定調疫情蔓延的二〇二〇年？對有「黑猩猩之母」尊稱的靈長類動物學家珍古德而言，巴不得時間快轉，今年趕快過完。

「今年一整年我只能待在家中，反而覺得更煎熬！」十一月上旬，接受《遠見》視訊專訪的珍古德苦笑。當時正是倫敦的上午，但出現在螢幕前的她神情疲憊，時而搓揉眼睛。被疫情圍困，加上繁忙的視訊邀約，讓這位高齡八十六歲的長者備感吃力。

然而，今年對珍古德來說，卻也是設立里程碑的一年。距離二十六歲、第一次進入非洲岡貝地區尋訪黑猩猩，今年剛好六十週年。一甲子以來，因為她，靈長類動物演化史數度改寫，全球也在生態永續上有了長遠進步。

因此，兩年舉辦一次的「唐獎」，在二〇二〇年（第四屆）九月，特別頒發「永續發展獎」給珍古德，表彰她對環境永續與生態保育的終身貢獻。

## 疫情反映人類對生態的不尊重

身為全球知名的保育人士、最有影響力的人之一，珍古德早已榮耀等身。過去數十年，全球各國爭相頒獎授勳給她，包括法國榮譽軍團勳章、聯合國教科文組織六十週年特別勳章。

珍古德的母國英國，也由英國女王伊莉莎白二世頒授珍古德「女爵士」地位；她並長年擁有「聯合國和平大使」的身分。半世紀以來，「珍古德」這個名字，已是全球的共同資產。

即便聲譽卓著，珍古德未曾停下腳步享受榮耀。她總是一年三百多天奔波在旅途中，飛到世界各地倡議保育理念。高強度的工作，令人難以相信，一頭鶴髮的珍古德早屆耄耋之齡。

一直到新冠疫情來襲，她才久留倫敦老家。

「這場疫病，是人類自己造成的！而我們早就知道這會一再發生！」疫情發生以來，珍古德透過視訊鏡頭，不斷向全世界警告：疫情只是一個惡果，背後反映的，是人類對生態的破壞、對動物的不尊重。

疫情期間，倫敦成為重災區，就連英國首相強森都二度自我隔離。而高齡者是疫情的高致死族群，這讓珍古德只能隔離人群、困坐家中。

身體好不容易安頓下來，卻因為不斷接受視訊專訪、演講，珍古德的心神愈形消耗，幾度眼痛聲啞。

為什麼不推拒邀約、好好休息？這是因為隨著疫情愈演愈烈，珍古德才驚覺：「過去幾十年做的還不夠，但自己已沒有多少時間！」

一九七七年她就創辦「國際珍古德教育及保育協會」，並自一九九一年號召年輕人、推動「根與芽」國際環境教育計畫（Jane Goodall's Roots & Shoots Program），投身環境教育與公益事業，參與國家超過六十五個。

但做了這麼多，人類始終沒有建立足夠的保育意識與相應行動。

新冠疫情被推測是人畜共通的疾病，但病毒為何會從動物跳到人類身上？

珍古德接受《遠見》訪問時透露，長久以來，人們破壞動物棲地，使得野生動物進入人類生活圈；另方面，人們大規模建立動物（養殖）工廠，在在都製造了人畜共通傳染的疾病溫床。

## 人類應建立另一套永續生存之道

「大家應該改弦易轍，另外建立一套能讓地球永續的生存之道！」她警告，即便疫情肆虐，商人與政客卻不斷鼓吹解決管制、重啟經濟，把政商利益放在全民健康之前；而所謂「重回正常生活」，只是不斷重複掠奪大自然。

她感慨道，此次病毒奪去百萬人命，卻還給了地球藍天，也讓許多人第一次呼吸到新鮮空氣、看到滿天星斗。然而，如果人們沒有記取教訓、轉頭又急著擴張經濟，「那麼，大自然也沒有太多選擇，疫情悲劇就會一再回訪！」

如何做到？「第一件該做的事，就是禁止動物養殖工廠！」珍古德痛心地指出，動物被圈養在狹窄的環境，壓力是很大的，動物被支解成肉類、中藥出售，更是殘酷。

第二，不要買賣動物，一般人也能做到。她指出，鸚鵡、烏龜等物種被運出棲地、面臨滅絕，只因人們大量購買做為寵物。

而動物買賣、養殖工廠的供應鏈已行之有年，其中必定有龐大人口賴以為生，涉及複雜而難解的產業議題，「但改變必須發生，有賴政府與業界共商大計。」

她憂心，地球人口已經七十二億，到了二〇五〇年更將達到一百億，若是沒有永續的綠色經濟，生態悲劇只會更惡化。

## 前進岡貝六十週年，用同理心與猩猩交朋友

對珍古德來說，改變的契機只在一念之間，「同理心」三個字而已。「動物是有感覺的，牠們會開心，也會痛苦！」當年，一頭美麗金髮的珍古德，受到英國知名人類學家李奇（Louis Leaky）的啟發與協助，二十六歲時遠至非洲坦尚尼亞的岡貝溪國家公園研究黑猩猩，創下白人女子深入叢林的第一例。

原本只有六個月經費，珍古德卻堅持了六十年。當時人們對這種人類的近親、高達九八・六％基因一樣的黑猩猩，所知甚少，單純把牠們當研究對象。然而，珍古德卻打破物種間的藩籬，不只近身觀察，還跟猩猩交起朋友，以名字代替編號。一隻她暱稱為「灰鬍子大衛」（David Greybeard）的黑猩猩，是她的第一個黑猩猩知己，領她進入猩猩的生活圈。

「喔喔喔，就是猩猩打招呼的聲音；蛤蛤蛤，則是牠們在笑，可以笑得很大聲！」在紀錄片中，珍古德回憶起叢林裡的舊日時光，至今仍記得那些語言密碼。

其實，與黑猩猩打交道不全然美好，她也曾被猩猩攻擊，差點墜落懸崖，幸好抓住小樹枝才保命。

當時有人說，非本科出身的珍古德用錯了研究方法，但她堅持，唯有互動才能理解。果然，在珍古德的貼身觀察下，發現黑猩猩竟能自製工具，以釣起巢穴中的螞蟻或打撈水中物品。

這項發現，打破過往「只有人類才懂得製作工具」的研究假設，也改寫了動物行為學。

突破性的研究成果，讓「劍橋大學」破例允許珍古德在沒有大學文憑的情況下，直接攻讀動物行為學博士學位。

珍古德從害羞的都會女子，到成為勇敢發聲的保育鬥士，幾十年來，在非洲陸續建立黑猩猩保育區。珍古德協會的保育與研究工作也擴及全球，導入各種創新科技，諸如DNA檢測、衛星圖像、GIS（地理資訊系統）與GPS（全球定位系統）等。

但她仍舊每年會回去岡貝溪國家公園兩次，看看黑猩猩老朋友，直到今年被疫情打斷。

「噢！我好想念岡貝的一切，特別是雨季，那時新芽抽長、小溪奔流……」

這個話題顯然按下珍古德思鄉的快速鍵，透過視訊，只見她側仰著臉、閉著眼睛，彷彿跨時空聞到了岡貝的香甜空氣。

## 身體力行又親民，與台灣淵源深

事實上，走訪全球的珍古德，有著驚人的記憶力，至今仍能清楚記得二十多年前第一次走訪台灣的情境。當時因為聽說有人在賣小猩猩，她扮裝密探知名「蛇街」華西街，但沒看到小猩猩，也沒看到活剝蛇肉的殘忍景象。她後來才聽說有人救援蛇類。近年來，台灣的生態問題也已大為改善。

「博士是很念舊的人，珍惜每一次拜訪的機緣！」國際珍古德協會執行長郭雪貞說，台灣是珍古德第一個造訪的亞洲國家，一九九八年就在台灣設立協會。一九九六至二〇一八年的二十二年間，珍古德就來訪台灣十八次，許多政要都是朋友，前總統李登輝還曾帶她去看過梅花鹿。

九二一大地震那年，原本珍古德又計畫訪台，但郭雪貞說明台灣震後一團亂，問她是否取消行程。

「台灣朋友有難，那我更要去了！」沒想到珍古德如此回答，當年十一月，她不但來了，還帶著她象徵「希望」的知名絨毛猴子玩偶 Mr. H，來幫災民加油打氣。

近幾年，國際珍古德協會與長榮大學合作開辦「永續發展國際學士學位學程」，也號召青年學子參與「根與芽計畫」，並共同保育台南二仁溪。期間，珍古德也曾親訪長榮大學與多個保育基地。

專訪中途，她聽說長榮大學最近有女學生遇害，心疼地直說要找時間與校方談談，沒幾天，就親自透過視訊慰問致意。

對許多人而言，珍古德就是一位溫暖和藹的奶奶；然而，面對世局，她總能提出犀利洞見。

此次美國總統大選甫落幕，珍古德透過各地協會在臉書上轉發祝賀：「民主是我們與彼此、與大自然和諧共存的基礎……在疫情中，這次美國大選有超過一．五億選民投票，是史上最高參與程度。恭賀美國！」雖說恭賀，但珍古德不免憂心。她受訪時指出，拜登與川普都拿到超過七千萬張選票，幾乎支持者各半，表示美國社會非常分裂；加上參議院由共和黨把持，拜登新政也不易施展。

「我們必須非常努力，甚至要合理地憤怒，才能讓事情變好！」珍古德指出，疫情帶來許多憤怒與破壞，像是印度因疫情影響經濟，許多人從都市回到村莊，卻因為大象爭食農作物而獵殺牠們，成為當地的生態浩劫。

疫後世界會不會更好？「很難說！」但她相信，透過每個人的選擇與生活方式，能為這世界帶來改變。

這就好像她長年堅持重複沖泡咖啡渣，隨身攜帶標本罐，來儲存沒用完的糖包。她用行動告訴世人：一個個簡單的選擇，累積起來，就足以救贖世界。

窮盡一生的力氣，原本一個人的珍古德，現在有了跨國社群一起努力。

全球有大約四十個珍古德協會、根與芽辦公室，每個基地都有各自任務亟待展開，包括二〇二一年將在台灣招生的珍古德教育實驗機構。

「但我的任務從來沒有變過，就是讓世界成為一個對人類、對動物、對環境都更好的地方！」她曾坦言，接下來，死亡會是她即將面對的個人冒險。

她沒有畏懼，因為還忙著跟時間賽跑。受到疫情影響，她得加倍拚命、線上露臉，希望為各地保育工作募足款項。

「我的工作是點燃人們希望！」身形單薄的珍古德，一路走來，信念簡單，卻已撼動世界。

原載於二〇二〇年十二月《遠見》第四一四期。

為了下一代著想，我們必須努力彌補自己無心造成的傷害，做一個更稱職的地球管理員。讓我們一起心手相連，盡自己的力量為孩子與他們的孩子創造更美好的世界，如此我們留給他們採收的，才真正會是「滿載希望的收穫」。

——珍古德，《用心飲食》，頁一〇、一九。

## 華裔病毒權威

# 何大一
# David Ho

出生｜1952 年
現職｜哥倫比亞大學醫學院艾倫·戴蒙德愛滋病研究中心主任、教授
學歷｜麻省理工學院－哈佛大學 **HST** 醫學院醫學博士
經歷｜愛滋病雞尾酒療法的發明人
榮譽｜美國科學院院士、中國工程院外籍院士、中華民國中央研究院院士（1998）
著作｜《華人領袖破解台灣機會·中國想像》，天下文化，2010/03/25

# 沒有公共健康，不會有經濟健康

採訪／林讓均、鄧麗萍
文／鄧麗萍

「未來一到兩年，我們都得學會與新冠病毒共生。」一談到崩解全球秩序的新冠肺炎，美籍華裔科學家、愛滋病毒權威何大一斬釘截鐵地表示，新冠病毒不會像SARS一樣消失，而是會像流感般反覆出現，直到成功研發出克制它的方法。

通常，新藥和疫苗研發，至少耗時五到十年，但過去半年，何大一帶領的哥倫比亞大學研究團隊，以五倍速、甚至是十倍速，全力研發對抗新冠病毒的抗體和解方。

「我原本該退休的，卻因新冠病毒大流行，反而比往常更加倍在工作。」面對這突如其來的使命，何大一一語道出現實。

一九五二年出生在台中，現年六十八歲的他，早年就在研究領域不遺餘力，不但是愛滋病雞尾酒療法發明人，一九九〇年間，他率領的團隊，在愛滋病毒研究取得重大突破，成功遏止病毒進入人體後進一步散布，一九九六年更登上《時代雜誌》年度風雲人物。

## 聚焦預防或治療抗體，即將人體測試

有別於其他團隊，何大一的團隊，聚焦在可用於預防或治療的抗體，預計十月展開人體測試，明年（二〇二一）第一季就有機會派上用場。

但即便如此，何大一仍憂心忡忡：「現在，全球疫情比六個月前還糟糕，而且會持續惡化，連台灣也不能完全鬆懈。」何大一以自己所在的哥倫比亞大學醫學院為例，該院曾同時來了七百名病人，其中二百四十名重症者還得搶加護病房，「對一個富強的大國來說，這很糟糕！病人一個個死去，醫院沒空間安置遺體，只能放在卡車上的冰櫃。」憶起疫情最嚴峻時，何大一見證了許多難以想像的場景。

但殘酷的是，何大一直言不諱：「距離疫苗或新藥的優化和上市，預計還要花上一年或更久。」多年來致力研究愛滋病毒的他分析，最大的癥結點在於感染速度。

「過去三十年，愛滋病毒殺死了三千五百萬人，新冠疫情僅六個月就感染了超過一千四百萬人，有六十萬人死亡。」何大一解釋，愛滋病毒不是任何人都會感染，但新冠病毒可能傳給每個人，包括英國首相。

美國號稱有世界最好的衛生保健系統，在這次疫情中，卻沒有發揮國家層級的抗疫領導力。「在這次疫情中，美國像是一個發展中國家。」何大一指出，川普的抗疫政策失誤，不僅弱化了美國，更讓美國失去全世界的尊重。

「川普仍拒絕承認疫情的嚴重性，他不想聽壞消息，只把抗疫政策留給美國各州政府，」何大一批評，「川普樹立了很不好的範例，他不戴口罩、不保持安全距離……這場疫情會讓川普垮台，他對國家造成非常大的損害。」

「有三分之一美國人追隨川普，而那些聽從川普的南方州，現在都嘗到苦果。」相對而言，何大一就讚許紐約州長柯莫（Andrew Cuomo）果斷封城，讓疫情終於得到控制。

只是，新冠疫情延燒逾半年，各國政府都面對「封城和解封救經濟」的兩難。

## 美國太快解封，導致確診數爆增

何大一認為，我們不可能永遠封城，因為經濟一旦崩潰，就得面對另一生存難題，但他更指出：「如果沒有公共健康（public health），就不會有經濟健康（economic health）。」依他的觀察，美國政府關心經濟重於公共衛生，殊不知，疫情若持續蔓延，就算政府想重啟經濟，經濟最後還會被摧毀。

何大一建議，政府應在新增病例維持低檔，像是城市或地區每天不到十例時，才逐步解封，「美國顯然太快重啟經濟，因而才會有如每天逾五萬新增確診數的慘狀。」

此外，何大一也認為，保持安全距離、戴口罩等習慣更重要：「其實，只要降低大型的群聚活動，這些合乎公衛的行為就容易執行，但在川普的領導下，這些都被忽略了。」他坦言，多數人難以遵守法規，尤其是崇尚自由的美國更是如此，因此，要真正控制疫情，還是得趕緊找到解方和藥物。

儘管全球都在和時間賽跑，加速研發出疫苗和療法，的確也進展神速，但何大一認為，在未來幾個月都不太可能出現新藥，「未來六個月，比較有機會的是抗體，它也可以是一種藥物。」

至於疫苗，目前全球約有一百五十個團隊正積極研發，至少有十七種疫苗已進入人體試驗，「哪些疫苗有保護效力，哪些沒有？年底應該就有機會見真章。」只是，疫苗誕生後，得進一步確認疫苗的有效期及有效族群，「很多問題仍待釐清答案，六個月，只是檢視疫苗是否有效的開端。」何大一說。

## 團隊拚研發，以抗體針劑防疫

今年（二〇二〇）二月起，隨著疫情蔓延，何大一團隊旋即停止所有進行中的愛滋病研究，轉向新冠病毒，「我們從五名感染者取得很多單株抗體，可直接對抗病毒。」何大一團隊近期將在權威的學術期刊《自然》（*Nature*）刊登相關研究報告：「這是全世界採集到最能對抗病毒、最有效的抗體。」

何大一說明：「我們發現的抗體，能在非常低的濃度下，得以中和病毒。」更重要的是，這項抗體只需一劑，就能維持三到六個月的效用，而且預計一劑只需五十美元。

雖然抗體治療普遍昂貴，但何大一團隊和比爾蓋茲慈善基金會合作，以大規模生產，算出這個「不盈利」的價格。

「很多科學家都在嘗試不同的疫苗和治療方法，我們不是第一個，但希望做出最好的抗體。」何大一預計，今年十月展開人體試驗，約莫三至四個月就能知道是否有效。除了美國，何大一也計畫到其他疫情嚴重的國家進行抗體試驗，包括中國。

「由於病毒持續變異，我們至少研發兩種抗體來因應。」根據樂觀預估，何大一團隊研發的抗體藥物，可望明年第一季末生產。「當然，如果抗體的成效不理想，我們就要重新來過，這就是科學！」

何大一表示，在過去三、四個月，和病毒面對面的團隊夜以繼日工作，很多成員甚至離開家人，直接住在宿舍，以避免將病毒傳染給家人。

而何大一剛開始著手研發解方時，曾想過和台灣科學界合作。「我們在三月底才開始分離抗體，但其實元月，台灣就開始有病例。」當時，他寫信給一些台灣的科學家，包括中研院，希望和台灣醫生及科學家合作進行抗體分離，「但似乎沒有人有興趣。」

後來，何大一除了獲得馬雲公益基金會、騰訊公益慈善基金會等支持，也有一位台灣企業家提供兩百萬美元研究經費，「讓我們能快速地展開研究，沒有後顧之憂。」

儘管人們對疫情的看法都很負面，但何大一仍從中看到了積極正面的價值，「這場疫情展現了人類的堅韌。」何大一形容，雖然生命遭逢巨變，但人們都能找到適應方法，「紐約人被關在家好幾個月，他們都能自我管理，透過各種自娛方式，例如Zoom開趴，自得其樂，而且很有創意。」

「科學家大動員找尋解方，也是史無前例的，」何大一指出，這次科學界的合作，和過去模式有很大的不同，「通常，科學家會保護自己的資訊、建立自己的專利，但這次，所有人都意識到這是非常時期，都無私地分享知識，這是前所未見的。」

「即使在中美關係緊張之下，美國和中國的科學家也是互相開放。」何大一指出，這場疫情從中國開始，因此，中國科學家比其他國家早兩、三個月開始研究，提供很重要的貢獻。

何大一指出，美國在全球生技業界一直保持領先，但中國科學家已急起直追。和十七年前相比，中國的生技醫療產業有長足的進步，但美國做為全球最重要的生技聚落，迄今仍未能被取代。

**傳染病會一再重來，請做好準備**

新冠病毒不會是最後一次瘟疫。「傳染病將會一再重來，我們必須做好準備，面對下一波大流行。」何大一指出，過去十七年，爆發了三次冠狀病毒，包括SARS、MERS，現在是新冠病毒。

何大一形容，病毒就像火。「如果你家失火，你等上五秒鐘，還可以滅掉它；若等五分鐘，就困難了；如果五小時，一切就太晚了。」於是，當全球發生新流行病時，上上之策即是一開始就終結它，否則，將一發不可收拾。

一株新冠病毒，敲響全球意識公共衛生重要性的警鐘，誠如何大一所言，當疫情發生，真正有效的解方，就是透過科學的管理，「我希望世人對科學有更大的尊重，那是我們目前的美國總統身上所看不到的。」

原載於二〇二〇年八月《遠見》第四一〇期。

近幾年，中國的經濟改革實力，已經具體反映在上海等一級大城市的天際線和二〇〇八年的北京奧運，我相信，中國會愈來愈強大，變得愈來愈好。不過，從我的專業觀點來看，如果能讓那個「被遺忘的中國」一起變好，就更理想了。生活在「被遺忘的中國」裡的人民，每天只能賺到一、二美元，不但難以溫飽，而且沒有任何健康照護。在我看來，沒有健康的地方，也不可能有繁榮的經濟。

——何大一，〈從「被遺忘的中國」談全球防疫〉，《華人領袖破解台灣機會．中國想像》，頁四九—五〇。

## 全球首席經濟學家

# 拉古拉姆・拉詹

# Raghuram Rajan

出生｜1963 年

現職｜芝加哥大學布斯商學院金融學傑出講座教授

學歷｜麻省理工學院史隆管理學院博士

經歷｜印度央行（**Reserve Bank of India**）第 23 任總裁

榮譽｜《歐元》（***Euromoney***）雜誌評選為 2014 年最佳央行總裁；2003 至 2006 年擔任國際貨幣基金會（**IMF**）首席經濟學家

著作｜《第三支柱》（***The Third Pillar***），天下文化，2020/01/21

# 疫後的重生力量 來自社區

文／林讓均

疫後世界，亟待重建。

在全球確診人數衝破兩千三百萬、死亡人數逾八十萬大關的此時，全球政治與經濟情勢都處於緊繃的臨界點；但令一般民眾更為憂心的，是周遭正在惡化的生活圈。

「在全球各角落，有許多弱勢社區，正在承受疫情的苦果！」芝加哥大學布斯商學院金融學傑出講座教授拉詹接受《遠見》越洋視訊專訪時指出，這些事可能發生在你我身邊，卻沒有登上媒體頭條。

然而，看不見的悲慘故事，正在裂解全球政經結構，並一步步重塑疫後世界的新面貌。

五十七歲的拉詹，曾任國際貨幣組織（IMF）首席經濟學家與印度央行總裁，二〇一四年，曾在任內獲《歐元》雜誌評選為二〇一四年最佳央行總裁。他是當代少數兼顧理論與實務的經濟學家，曾預言金融海嘯（起於二〇〇七年）的到來。

## 疫情讓沉痾惡化，第三支柱崩解中

此次，疫情席捲全球，拉詹提出警告，全球此波陷入的經濟蕭條，很難短時間完全回復。

若僅單看華爾街，你會很難理解他的憂心。近幾個月，美國華爾街大發投資財，疫後從谷底翻揚、半年來漲幅逾五成，熱鬧慶祝股市頻創歷史新高。甚至有大咖投資銀行指出，這會是有史以來最短的復甦，景氣很快就會「V型反轉」。

八月中旬，美股狂飆，全球首富、亞馬遜創辦人兼執行長貝佐斯甚至一天身價暴漲七十二億美元、整體來到一千九百七十八億美元，創下《富比士》富豪榜追蹤四十年的新高紀錄。

然而，四十歲就是IMF最年輕首席經濟學家的拉詹，可不這麼看。他總是撥開所有資本市場的表面數字，去追究導致數據結果的社會經濟架構。

去年，拉詹推出著作《第三支柱》，就是直搗問題核心的重磅論述。他回顧人類歷史，發現國家（政治）、市場（經濟）與社區（社會），是維持群體穩定的三大支柱。

然而，在近代科技的推波助瀾下，各種成本下降、貿易全球化，使得國家、市場這兩大支柱同步壯大，卻擠壓了「社區」這根第三支柱的發展。

拉詹如此形容三根支柱的連動：

國家太弱，社會將恐懼冷漠；國家太強，社會則變得專制。

市場太弱，社會沒有生產力；市場太強，社會則沒有公平性。

社區太弱，社會就會傾向裙帶資本主義；社區太強，社會就將停滯。

拉詹特別關注第三支柱，不只因為社區長期受到擠壓，還因為社區是組成人類社會的基本單位，也是決定國家乃至於全球政經發展的土壤。

「多數現代人與社區脫節，但事實上，社區應與人們緊密連結，並承擔比以往更多的責任！」拉詹指出，社區的責任，包括養成青少年的價值觀，並讓孩子接受能因應成人世界的良好教育，尤其在全球化競爭日趨激烈的此刻。

現代社區的角色更重了，體質卻變得更脆弱。

首先，多數國家由中央政府獨攬大權，下放到地方的權力，比以往更少。第二，單薄的經濟結構。近代工業國家的社區，大多仰賴特定製造業與大型工廠，一旦該業凋敝、關廠，居民失去生計，社區就開始崩壞，包括離婚率、失業率、犯罪率、藥物濫用都攀升。因此，失去經濟支柱的社區，少有能擺脫負面循環的例子。

## 政治、經濟兩大支柱搖搖欲墜

「疫情沒有帶來新的問題，卻讓過去沉痾進一步惡化、更加難以收拾！」他表示，社區式微所延伸出的公民憤怒，很可能醞釀出反資本主義、反政府、反全球化的熊熊大火，燒出更多的社會鴻溝，在城鄉、種族、性別、黨派與各種社會階層，造成更多分裂。

在彼此不信任的氛圍中，「佛洛伊德事件」才會引爆全美、乃至於全球的反歧視抗議。

拉詹觀察，這次百年一見的疫情不僅挑動各國內部矛盾，也讓全球政治衝突一觸即發。

「『責怪中國』一定是這次美國總統大選的主基調！」在IMF、印度央行任內深度參與全球政經發展的拉詹，指出中、美兩大強權在疫情之後，從貿易戰、金融戰到科技戰，發展成扼住彼此咽喉的白熱化對抗，沒有人願意出面扮演全球領導霸主。

在這種「新冷戰」的架構中，各國為了自保，加速走向保護主義，整個地球村開始崩裂，各種政經活動受阻、降低營運效能。

看來，在疫情的拉扯下，政治與經濟這兩大支柱搖搖欲墜，而第三支柱所撐住的社區安全網，正受到全面衝擊。

## 重振第三支柱的五大要素

那麼，該如何重振社區？拉詹指出五大要素。

「首先，要去中心化！」拉詹呼籲，中央層級要適度地授權與賦能（empower），否則人們就缺乏歸屬感，而沒有地方支持的國際事務將空洞化。就像英國要脫離歐盟，最常見的口號就是「拿回主導權」，不願再讓歐盟幫英國人做各種政經決策。

除了國際事務，國內政策也要授權地方，像是國中小教育、企業法規要有一定程度列屬地方管轄權。

此次，各國政府都由中央統一控管疫情，但拉詹舉例像是解封時程、營業時間、工時工資等規管，可考慮由地方政府或社區視情況來彈性調整。尤其現在有更多電腦化、自動化的科技系統，讓「去中心化」的管制變得可行。

拉詹警告，一旦地方人士覺得「我什麼事都不能做、不能參與」，這種無力感就容易轉為對中央權力的抗爭，而這也是全球各地陸續爆發抗議、反對疫情管制的主因之一。

重振社區的第二要素，是建立地方領導團隊。拉詹建議連結社區頭人、工商團體、教育機構等有力節點，組成領導中心。

第三，則是說服各方參與（engage），鼓勵大家開始啟動改變，並決定任務的優先順序。例如芝加哥當年就以打擊罪犯為當務之急，因此開始清掃塗鴉、重建街頭景觀，讓不肖分子覺得這社區有人管理，怕被監視而不敢做壞事。

第四，對的基礎建設。例如親水公園的設立，可引導孩子有合宜的娛樂處所，也建立觀光吸引力。拉詹也發現，許多貧困社區沒有寬頻基礎建設，既然疫情會一再回訪，那就該趁早做寬頻，否則根本無法在家遠距工作。

第五，建立地方募資管道。他指出，地方通常依賴中央給補助，但補助往往有一堆限制條件，無法對應地方需求。因此，建議地方有提案與募款的能力，隨時籌備自主財源。

提倡「地方主義」（localism）的拉詹觀察，目前沒有大國足以擔任全球領導的角色，因此能夠壯大第三支柱的地方領導力更顯得重要。

不過，他強調全球領導力無可取代，才能團結各國對抗氣候變遷、新冠疫情等全球議題。

「過去在單邊主義的世界中，美國疾呼多邊價值；如今身處多邊世界，美國卻表現出單邊主義！」身為印度裔的拉詹指出美國老大哥的挑戰與矛盾，距離美國總統大選剩兩個月，他期待美國應回到多邊框架。

而回應多邊，最重要的就是從草根而多元的在地觀點出發。拉詹呼籲，更多的地方授權與社區賦能，才能平衡三大支柱，更有機會以公平正義來重建疫後新世界。

原載於二〇二〇年九月《遠見》第四一一期。

或許我們今天是在走下坡，還有一段長遠的路要走，然而回頭看我們走過的路，我們應該心生希望。不要讓未來成為意外。反之，我們該塑造未來。我們能做的事很多。如果我們想要和平共處，就該明智的做出選擇。我相信我們做得到。

——拉詹，《第三支柱》，頁五一四。

# 華人之光

**先驅**——錢煦（Shu Chien）

**超越**——張忠謀（Morris Chang）

**和平**——高希均（Charles H. C. Kao）

**共榮**——鄭崇華（Bruce Cheng）

**開創**——李開復（Kai-Fu Lee）

## 台灣生物醫學研究開路先鋒

# 錢煦
# Shu Chien

出生｜1931 年

現職｜美國加州大學聖地牙哥分校惠特克生物醫學工程研究院（**UCSD**）任職院長、兼任中華民國中央研究院院士、美國生物醫學協會主席、中國科學院外籍院士

學歷｜哥倫比亞大學生理學博士

榮譽｜2009 年總統科學獎、歐洲臨床血液流變學會第一屆 **Fahraeus** 獎、美國生醫學會會長；集全美四大院（美國科學院、美國國家工程院、美國國家醫學院、美國文理科學院）之院士於一身

著作｜《錢煦回憶錄》，天下文化，2016/04/22

# 台灣現況良好，提升產學合作更佳

文／黃漢華

台灣的生技產業近年能有進展，被科技部喻為「台灣生物醫學研究開路先鋒」的中研院院士錢煦，有絕對貢獻。

「家世顯赫」是社會大眾對今年（二〇一六）八十五歲錢煦的印象：他的爸爸是中研院前院長、台大前校長錢思亮，哥哥錢純是財政部前部長，弟弟錢復擔任過外交部長、監察院長，身為科學家的錢煦則繼承了爸爸的學術衣缽。

台大醫學系畢業後，錢煦本來可以懸壺濟世，但他到美國哥倫比亞大學求學，拿到生理學博士學位後，從此走上了研究道路。

## 榮膺美國四院士第一人，心繫台灣生技

錢煦近來研究血管壁最裡面一層的內皮細胞跟冠狀動脈硬化的關係。由於心肌梗塞與動脈硬化息息相關，近年名列全球十大死因，他想要了解動脈硬化的生理調控機制，研究屢獲世界許多重要獎項。

其實錢煦不只是中研院院士，更是極少數人同時擁有美國各科學院的院士頭銜。他是第一位獲得美國國家科學院、國家工程學院、國家醫學院、藝術及自然科學院等美國四院院士的華裔人士。

錢煦原本在哥倫比亞大學醫學院教授生理學，但一九八〇年代，當時加州大學聖地牙哥分校是個積極向上的年輕學校，努力延攬各領域優秀教授，錢煦因此在一九八八年轉到聖地牙哥任教。他在該校成立生物醫學工程研究所，三年後設立生物醫學工程系，二〇一〇年，該系已在全美大學排名第一。

錢煦也是受人敬重的教師，曾獲得傑出教學獎。他的學生曾經在最後一堂課，全體起立鼓掌，向講台拋出許多玫瑰花，這對在美國的華人科學家而言，極為不易。

雖然錢煦長年居住美國，卻很關心台灣科技，很早就協助台灣推動生技。

一九八七年，他回台灣一年，協助設立中研院生物醫學科學研究所，進行尖端生醫研究，促進大學和醫學院的合作。他還記得，副總統當選人陳建仁當時在這裡研究公共衛生，在國際期刊發表砷和烏腳病的關係。

一九九〇年，他和一群中研院院士提議成立國家衛生研究院，後來建立了老人醫學、環境和職業病、生物技術和藥物學、醫學工程、生物統計等研究單位，如今已有許多技術技轉給生技公司。

二〇一六年四月底，錢煦親手寫的回憶錄也將出版，在書中講述成長故事、求學過程、參與國際學術研究，以及日常生活點滴。

錢煦人如其名，予人溫和的感覺，說起話來，語氣和緩、思路清晰，雖然年過八旬，還是經常往返台美，行走無礙，沒有時差。

採訪當天，他深夜要搭機返回美國聖地牙哥，白天仍然行程滿滿，不顯疲態。台灣生技產業在最近十年快速進展，這位曾為台灣生醫研究打前峰的先驅，怎麼看？以下是專訪精華：

**《遠見》問（以下簡稱問）**：你對台灣生技產業發展的看法如何？

**錢煦答（以下簡稱答）**：一九八七年我回台灣，擔任中研院生物醫學科學研究所籌備處主任，那時，台灣的基礎研究很少在國際期刊發表，現在已經有很多。

台灣生技人才也增加不少，中研院、國衛院、工研院和大學紛紛投入，還有生醫園區，研究環境、設備儀器改善，比過去進步很多。

生技產業不像電子業，需要長時間的投入，甚至要花十年以上，如果國家能提供幫助，我很看好未來的發展。

## 台灣要追求創新，做大家沒想到的事

**問：**你認為台灣生技可以往哪些重點發展？

**答：**台灣有很強的資通訊基礎，可以結合電子，應用到生技，例如：醫材有治療、診斷功能，靠著電腦自動操作，運用大數據，是最好的發展方向。

**問：**從國外購買技術，再延伸研發，能否發展生技業？

**答：**不能光靠國外技術，生技業要靠基礎研究，進而應用到醫學、臨床試驗，台灣想研發新藥，可以靠生技中心、工研院等研究機構，從事基礎研究，要有自己的創新技術，就像買房子要看地點、地點、地點，做研究則永遠要創新、創新、創新，要做大家沒有想到的。

**問：**你為什麼不當醫生，而從事生技研究？

**答：**生技和生命有直接關係，可提升生活品質和健康，如果我的研究能夠如此，是最有意義的事。我畢業時，曾經考慮過要當醫師還是做研究，醫師可以用藥物，看到立即療效，研究則不容易看到，要花十年、二十年進行人體試驗，還未必有效。

因為有醫療需求，心臟病人很多，加上科技也成熟，使得電子業、再生醫學進步，用工程發展生醫科學已是趨勢。例如：心律調節器、人工關節，這是結合基礎研究、工程學、生物醫學，才能做成。

**問：**美國生技業引領世界，為什麼你所在的聖地牙哥能發展迅速？台灣能否汲取經驗？

**答：**波士頓、舊金山附近的灣區與聖地牙哥是美國的生技重鎮，其中，聖地牙哥的規模較小，但發展速度卻最快。這三個地方有共同點：好的大學，像是哈佛、麻省理工學院、史丹佛大學，還有研究機構。

五十多年前成立的加州大學聖地牙哥分校現在已經很有影響力，這對一個年輕的大學而言，非常不容易。這個學校一開始，就努力聘請最好的教授，由於物理、化學和數學是基本的學問，才能延伸醫學、生物，因此，校方很注重科技、工程、醫學、基礎研究。

學校設立的醫學院，也與工學院合作密切，兩地走路距離不到五分鐘，這很重要，可以方便溝通。校內有三家醫院，其中一家是榮民醫院，附近的小兒科醫院也和我們合作臨床試驗。當地也有幾百家生技公司，有自己的研究室，也一起和學校合作。台灣現在已很不錯，但是醫、工學院還可以再加強合作，對發展醫療器材很有幫助。學界、業界也要多整合。

## 協助推動生醫系所，拚到全美第一

**問：**你當年為什麼願意離開哥倫比亞大學，到加大聖地牙哥分校教書？

**答：**本來我考慮再三，那時在哥大的研究做得很好，但我看出哥大成長有限，加大聖地牙哥分校有成長潛力，便在一九八八年前往。學校雖小，後來進步快速，建築物、學生、教師人數加倍成長。

很少有年輕的學校能排名前十，但我在聖地牙哥分校推動設立生物醫學工程研究所，一九九一年成立後，一九九四年設立生物工程系，美國國家研究諮議會每十年評審一次，二〇一〇年已排名全美第一。

七、八年前，我創立工業與醫學研究院，結合工業與醫學，研究心臟病、神經病、癌症，把工業技術，如奈米、影像，運用到臨床疾病。

**問**：加大聖地牙哥分校是否鼓勵老師創業？

**答**：是的。我們有一個工學院教授去開公司，後來發展成為高通公司。校內的研究單位也有人創業，學校原本有個叫「Connect」的機構，連結校內、業界、法律界、投資界，後來出去成為公司，現在是服務全球產業。另一個「Biocom」也是同樣模式，但只做生技。

**問**：中研院前副院長陳建仁將是副總統，對生技業發展有什麼意義？

**答**：台灣選一個科學家當副總統，我很興奮，這在美國也沒有發生過。他過去在中研院生醫所研究公共衛生，在國際期刊發表，還辦研討會，有很創新的表現，非常傑出。

原載於二〇一六年四月《遠見》第三五八期。

我們可以問很多這樣的問題：如果沒有走目前選擇的路，會怎麼樣？如果我選擇做臨床醫學而不去學生理學或生物工程，會怎麼樣？如果我早年離開哥大去了別的學校，會怎麼樣？如果我選擇留在哥大而沒有來聖地牙哥，會怎麼樣？我們不必回答這些問題，也沒有必要問這些問題，重要的是我們現在怎麼樣，我們是誰。

——錢煦，《錢煦回憶錄》，頁三五四。

台積電創辦人

# 張忠謀
# Morris Chang

出生｜1931 年

學歷｜史丹佛大學電機博士

經歷｜曾任工業技術研究院院長、麻省理工學院董事、**APEC** 領袖代表

榮譽｜曾獲美國 **IEEE** 榮譽獎章，獲台灣大學、清華大學、陽明交通大學等校頒授名譽博士

著作｜《張忠謀自傳（上冊）》，天下文化，2001/07/01

# 九個條件，打造世界級企業

主講／張忠謀
整理／遠見編輯部

二〇〇七年十一月二十四日，來自兩岸四地的華人菁英齊聚上海浦東香格里拉飯店，參加第五屆遠見高峰會。時任台積電董事長的張忠謀獲頒「終身成就獎」，他在會中以「打造世界級企業」為題發表演說，震撼全場！十五年過去，如今台積電不僅壯大成為台灣的「護國神山」，更是國際社會不可或缺的要角，在美中科技冷戰的當下，證明了「晶片能比核彈更有威力」。以下為張忠謀二〇〇七年在峰會的精采演說內容：

要成為世界級企業必須要達成九個條件。

首先，企業價值觀一定要符合世界主流的價值觀。身為一個世界級企業，必須符合以下七個主流價值觀：⑴說真話，不說謊話。⑵不輕易承諾，一旦承諾要赴湯蹈火履行。⑶遵守法律。⑷不貪汙、不賄賂。⑸擔負起社會責任。⑹不靠政商關係。⑺良好公司治理。

如果從這些標準來看，世界級公司第一個條件就是建立企業價值觀，如果只看這幾個條件，我相信很多世界大型公司就已經被淘汰了。

世界級的公司，應該是一個受人尊敬的公司。印度 Infosys 董事長墨希（N. R. Narayana Murthy）是我的朋友，他就有一個口號：「寧願做一個受人尊敬的企業，要做受人尊敬的企業，要先做一個很賺錢的企業。」

而 Google 創辦人的座右銘是「不要做壞事」，這都是一種企業價值觀。

## 世界級創新，在於商業模式

第二，世界級公司，應該是一個持續創新的公司。很多人都把企業的創新當成產品的創新、技術的創新，總是跟科技創新結合在一起。

可是創新的意義比產品或技術的創新還要廣，是可以在每一個領域都發生的。台積電最大的創新是商業模式的創新，並不是產品或生產技術的創新。

幾十年前，你翻開大多數公司的年報，大家總是在談產品、財務、服務與品質等；但是現在不一樣了，這十年、二十年來，看年報，往往第一個講的是商業模式。商業模式的意思是什麼？商業模式的重點是你跟一個公司、跟它的客戶、跟供應商的關係，與競爭優勢、劣勢的關係。

在台積電成立之前，每家半導體公司都有一群客戶、一群供應商，當然是和別的半導體公司互相競爭。

台積電的創新，就是把客戶統統都概括進去，傳統半導體公司的客戶不再是台積電的競爭者，台積電的客戶就是半導體公司。台積電不跟傳統認為的客戶競爭，這就是商業模式的創新。

麥可．波特（Michael E. Porter）跟我結識以後，對台積電有更深的了解，就把台積電寫成一個管理案例分析，就在第一次開課的時候也請我去幫他教課，他講了一句話我現在還一直常常引用，「台積電是一家公司，不但創造了自己、自己的領域、自己的產業（就是所有晶圓代工產業）；不但創造了自己的企業，還創造了客戶的產業（客戶就是無晶圓工廠的半導體業）。」

台積電在一九八五年創造了商業模式創新。到一九九〇年代有了網路的創新，商業模式的創新更是層出不窮。像Google、雅虎、百度、阿里巴巴，都是新的創新，往往比產品、技術創新更為前瞻。

## 世界級成長，不能停滯腳步

第三，世界級公司必須是成長的公司。一家公司假如不成長了，即使以前有過世界級公司的地位，也就會失去其「世界級」地位。

奇異前執行長傑克．威爾許（Jack Welch）帶領企業平均每年一五％成長速度，他接任時奇異已經是很大的公司，但在他卸任前的二十年當中，仍能以平均每年一五％的速度成長，這是了不起的紀錄。

以大公司而言，像台積電，現在我們每年盈餘約四十億美元，如果要以一五％的速度成長，也是非常難的。但我們還是必須成長。

第四，世界級公司應該是在它所在行業當中是領導級的公司，即使不是第一名，也應該是第二名、第三名。

第五，世界級的公司必須要提供相當的股東報酬。相當報酬是什麼？至少是在一〇％到一五％，可能還要更高。

## 世界級發展，基於尊重學習

第六，世界級公司必須尊重智慧財產權。當然自己可以創造很多智慧財產權，可是也必須尊重別人的智慧財產權。

第七，世界級公司應該是一個學習型的公司。員工必須在一個學習的環境裡。另一層意義，企業與員工總是在進步，從學習裡面得到了進步。

第八，世界級公司是一個全球發展的公司。可以從幾點來看：⑴市場是全球的。⑵資金是來自全球的。⑶人才是來自全球的。因為它要全球發展，所以制度也要與先進國家的制度接軌，無論是會計制度也好、薪酬制度也好。

第九，世界級公司應該是一個有世界性影響力的公司，而不只是一個地區的影響力。

很多人會問我，台積電是不是我眼光中的世界級公司？我很坦誠地回答：「我們還在努力中，我們有進步，但我們還在努力中。」

---

原載於二〇〇八年一月《遠見》第二五九期。

台灣具有成為科技島的基本體制：民主和自由經濟。民族文化也具備塑造科技島出現的條件。但在現在體制及傳統文化下，還需要許多改革、進步。這些改革儘管是最難的一步，卻是台灣能否在二十一世紀成為先進國家的必要之途。

——張忠謀，《張忠謀自傳（上冊）》，頁一八九。

遠見・天下文化事業群創辦人

# 高希均

## Charles H. C. Kao

出生｜1936 年

學歷｜美國密西根州立大學經濟發展博士

經歷｜曾任美國威斯康辛大學（河城校區）經濟系教授、台灣大學講座教授、海基會董事、行政院政務顧問

榮譽｜美國傑出教育家獎、傑出教授獎、威州州長卓越貢獻獎、傑出校友獎；行政院新聞局金鼎獎特別貢獻獎；亞洲大學、中興大學、台北商業大學名譽管理學博士；總統頒授二等景星勳章

著作｜《開放台灣》，2015/05/25
《文明台灣》，2019/10/25
《進步台灣》，2021/09/10
以上著作皆由天下文化出版

# 台灣的「平衡策略」：親美防美．近中和中．愛台護台

文／高希均

## （一）二十一世紀的「驚」與「喜」

我一生的重大改變，是從二十三歲由台灣到美國去讀書，看到了一個自由與富裕的國家開始。可惜，在以後的四十多年中，幸或不幸地親身看到了美國經過二次大戰後的越戰與阿富汗戰爭；又陸續看到國內外政治經濟與社會的風暴：一九五八的蘇俄領先放射人造衛星、一九六一的古巴危機，接著有尼克森的水門案、石油危機、亞洲金融風暴、二〇〇一的九一一紐約遭受恐怖攻擊、二〇〇八經濟海嘯。美國從世界權力的顛峰逐次衰落，逐年下降，好勝與稱霸的美國怎能

容忍？尤其位居第二的中國在急起直追。

二十一世紀的「驚喜」是美國政府的「驚」，與中國人民的「喜」。貧窮落後的中國，經過四十年，從赤手空拳，到決心開放改革，結合民間企業、人才、科技、市場，居然奇蹟式先後超越了德國、日本，變成了世界第二大經濟體，形成了近年「世界二強」的地位。以目前GNP總值粗估，可能十年內中國經濟將會超越美國。

## （二）「安定八年」到「台海危機」

拜登入主白宮已近兩年，綜合國內外各種評論，可以概括美中之間當前情勢：

⑴鬥而不破，爭而不裂。

⑵魔鬼出現在公報上，機會隱藏在細節中。

⑶公開的敵意會持續，但有所節制；脆弱的善意，時隱時現。短期內既不會太惡化，也難以改善。

⑷八月上旬美國眾議院議長裴洛西的台北訪問，台灣變成最大輸家。中共得

到藉口，跨越了中線及四面封鎖台灣的軍事演習。她兒子隨行，更增添爭議。

想起一九九五年，陪同卸任的行政院郝院長，赴舊金山出席「戈巴契夫論壇」，前蘇俄總統擔任大會主席演講：「政治領袖的最大責任是追求和平，不是贏得戰爭。」全場掌聲雷動。郝院長告訴我：「政治家要和平，政客要戰爭。」

自一九四九年政府遷台後，兩岸關係一直僵持無解。但是從二〇〇八年馬總統執政後，交流曙光乍現。他積極地推動兩岸直航，去大陸不需在香港轉機，立刻出現了各種形式的「和平紅利」：省時、省事、省力。最大的紅利之一，就是台灣人民不需要在戰爭恐懼中投資、工作及生活，台灣社會變成了「小確幸」。那是馬英九的「安定八年」（二〇〇六—二〇一四）。

任內二〇一〇年十一月，提出軟實力的哈佛奈伊教授來台，會晤馬總統。演講中指出：台灣要多宣揚經濟，少強調主權；經濟展示軟實力，主權要靠硬實力。台灣可以用各種軟實力，增加國際地位及兩岸交流。

十二年後的今天，奈伊撰文評論「美國的中國挑戰」，認為如果美國內部處理好極端化及民粹化，不再醜化中國，增加跨國議題與雙方合作，就有可能減少台海危機「中美一戰」。

### （三）培里、季辛吉評論中美戰爭可能

美國前國防部長培里（William J. Perry）二〇一七年訪台。當時接受《遠見》專訪時指出，台灣要認清：「美國與中國關係良好，台灣本身才會穩定。」對台友善的美國政經領袖多次說過類似的話，但是台灣政壇上還是有人天真地希望：如果中美關係緊張，台灣就能漁翁得利；並且乘機多買武器，各方政客多收佣金。

這位年逾九十、數學家出身的史丹佛大學教授，在《核爆邊緣》書中不斷指出核武擴散的可怕，人類要盡一切努力以「軟實力」來替代「硬實力」。

小國「不弱」，要靠軟實力；人口都不超過一千萬的北歐三國，就是靠各種軟實力立足於世。諾貝爾獎的發源地在瑞典，每年頒發和平獎，不是勝利獎。芬蘭是只有五百五十萬人口的小國，與強大俄國為鄰，從來不可能靠武器（硬實力）來對抗。

另一個彈丸之地的新加坡，領導人堅持開放，面對競爭，化敵為友，全心發展經貿、金融、法治為主的軟實力，變成全球個人所得與競爭力最高之一。

小國如台灣，領導者的重要責任就是：要與周邊大國和平相處，選擇對自己

國家最有利的道路。

今年（二〇二二）七月，美國前國務卿季辛吉的看法值得重視：

⑴當前世界正在危險失衡邊緣。美國與俄羅斯、中國處於戰爭邊緣，要如何結束缺少概念。

⑵現代核武有導致世界末日的可能，維持「敵對大國」之間的平衡，是壓倒一切的當務之急。

⑶「平衡」有二部分組成：一是力量的平衡，有時要接受是對方價值觀的合法性；另一是行為的平衡，提醒自身的能力和權力的局限性。這需要近乎藝術的技巧，才能二者結合。

被問及美國如何對付台中美三邊複雜關係時，他回答：「你不能現在就說：我們要分裂他們，讓他們自相殘殺。我們能做的就是不要加劇緊張情勢，然後提出選項，為此必須有一些目標。」他擔心中美正在走向危機，建議「華盛頓對台要保持穩健」。

這位當年一手主導「美中解冰，聯合對俄」的老臣，自有他的遠見，供台灣思考：具體地說，我們不能把所有的雞蛋都放在美國這個籃裡。為了美國自己的國家利益，盟友千萬要提防它外交政策的改變。

對台灣而言，就不禁想到一九四九年八月美國對國民政府的《中美關係白皮書》。一九七九年台美斷交後，就靠《台灣關係法》、二個公報等維持非官方關係。近年來，尤其近幾個月來，關係突然增溫升高到「堅如磐石」，我們必須要戒慎恐懼。

## （四）台灣的「平衡策略」：親美防美，近中和中

每次看到美國議員及退休高官來台訪問，就是擔心每一位以「保台」之名，行賣「武器」之實。旋風式訪問，及幾小時高層交談，重要的就是留下那一份清單上列舉的武器。所有的細節及採購都會由相關部會的主管操心。當年艾森豪提出的「Military-Industrial Complex」，早應要加上「媒體」與「國會」，改成：Media-Military-Industrial-Congressional Complex（MMICC）。更正確的說法：過去的「軍工複合體」，早已變質了。筆者要在此刻提出更真實的「軍火供應鏈」六個步驟：

⑴媒體與智庫啟動（供應誇大一些大國的國力預測數據與比較）。

⑵散布全球軍力失衡緊張資訊（國內外呼應）。

(3)美國政府主導下，組織或加強區域聯盟。

(4)各國政府遊說國會增加國防預算，對抗中俄。

(5)訂購各種武器，擴張軍備，軍火商大量出售武器獲取暴利。

(6)國會議員及利益團體分享暴利，或尋求連任或累積財富。

試看這次俄烏戰爭，美國沒出一兵一卒，美國軍火商得到其他友邦國家很多的緊急訂單（從戰鬥機、飛彈到潛艇）。人性的貪婪變成了無理性的追求。軍火商及政客（卸任首長、現任議員），只要看到有利可圖、有錢可賺，什麼樣的訪問、承諾、說法、大話……都會出現。

討論任何當前台灣問題最後終涉及大陸關係，以及美國的角色。因此「台中美」的三邊關係變成了關鍵。如果解開這個結，那就三邊順暢、三邊獲利；如果二邊結合對付另一邊（如當前美國拉攏台灣對付中國），三角形等邊關係失衡，就會立刻引起三邊緊張。

「二強」之間難為「中」（中等所得），「二大」之間難為「小」。台灣理性的選擇是採取謹慎的「平衡」「中間」的政策，不討好一方，不激怒另一方。

美國前後任總統拜登與川普，同樣在民粹聲中，強烈地對抗中國。蔡政府為了台灣自身利益，要勇敢地拒絕任由美國政府擺布，台灣不需要乞求式地要求保護，更不需要排擠效果下，不斷地買武器來「抗中」。在缺乏兩岸新論述之下，就循馬政府時代，以「九二共識，一中各表」的共同政治基礎上，雙方邊對談邊調整。

有過戰爭及被殖民慘痛經驗的兩岸領導人及民眾，千萬不要把身邊「同胞」看成「敵人」，把天邊貪婪的「商人」與「政客」看成「親人」！

前澳洲總理陸克文的新著《可避免的戰爭》（天下文化，二〇二二年九月二十日出版），值得細讀。

---

原載於二〇二二年九月《遠見》第四三五期。

二十一世紀初，台灣社會的競爭力、生命力、凝聚力面臨了最嚴酷的挑戰。做為一個知識份子，千思百慮所能想到的，還是回歸到基本面——好好讀書，好好做人，好好做事。把讀書、做人與做事結合，使它在肺炎病毒消失後，變成提升台灣社會生活品質的新風潮。

——高希均，《進步台灣》，頁四〇一。

台達電創辦人

# 鄭崇華

# Bruce Cheng

出生｜1936 年

學歷｜國立成功大學電機系

經歷｜台達電創辦人，曾服務於亞洲航空公司（**Air Asia**）與美商精密電子公司（**TRW**）

著作｜《實在的力量》，2010/01/08

《利他的力量》，2022/12/08

《鄭崇華演講集》，2022/12/08

以上著作皆由天下文化出版

# 追求永續共榮，必先促進和平

文／劉宗翰

當今國際間籠罩在反俄、抗中的氛圍，許多國家也漸漸走向孤立主義。偏偏推動永續，需要各國鼎力合作才能達成，身為環保先行者的台達電創辦人鄭崇華，如何解析箇中矛盾、衝突與困境？

近年來，「永續」議題躍居全球新顯學，世人開始重視淨零減碳，企業也將CSR、ESG視為經營大策略。疫情、戰爭伴隨的紛擾，讓世界萌生共存、共榮的渴望。但如果世界各國自掃門前雪、拒絕交流，很難進一步倡議永續、共存，也將喪失實踐ESG的機會。

成立超過五十年的台達電，常年將「環保、永續」深植於企業文化，是台灣ESG的模範生。有著「台灣環保教父」美譽的台達電創辦人鄭崇華，如何看待保守、孤立主義暢行的當今國際社會？又該如何推動永續工程？

## 拋棄政治紛爭，才有永續

「氣候變遷是全人類的事，沒有人能置身事外，拋棄政治紛爭，共同為地球努力，才有機會實踐永續！」鄭崇華對當今世界充斥反中、對立的氛圍感到憂心，過去發言鮮少觸碰政治敏感神經的他，首度對和平與永續的關聯，提出見解。

細數「聯合國永續發展指標」（SDGs）十七個指標，第十六項為「促進和平多元的社會，確保司法平等，建立具公信力且廣納民意的體系」，可見永續與和平密不可分。

由於成長過程歷經烽火歲月，讓鄭崇華深刻體認到戰爭的破壞力，與對國家發展、庶民百姓的重大影響。他畢生最反對戰爭，尤其無法接受「中國人打中國人」，心繫兩岸和平的他，更將此心願嵌入長子鄭平的名字裡。

對於兩岸長期的紛擾，熱中研究中國近代史的鄭崇華研判，雙方的敵意，可能在於對歷史不熟悉的誤解，若能努力追求更多真相，或許就能放下仇恨，多些體諒與包容。

很多人可能認為，中國大陸致力發展經濟，忽視環保與永續，但他的觀察，大陸在全球低碳綠色轉型的浪潮上，已跟上腳步，並爭取二〇三〇年前二氧化碳排放達到峰值、二〇六〇年前實現碳中和（雙碳目標），能將這樣的理念融入國家政策中，是很不容易的。

而大陸相關部門也積極推動能源轉型，促進能源消費、供給、技術、體制等改革，凡此種種，都與台達電長久推動的永續工程不謀而合。

因此，鄭崇華提醒，所有人都應摒棄成見、加強合作，攜手為地球努力。兩岸企業家也可透過環境教育建立氣候意識，促進雙贏。

## 分散風險，降低全球化衝擊

日前，台積電前往美國鳳凰城興建先進製程晶圓廠，創辦人張忠謀致詞時拋出「全球化幾乎死亡，自由貿易也幾乎消失」的論點，引發廣泛討論。同樣身為企業大老，曾帶領台達電征戰數國並在美國設廠深耕的鄭崇華，如何看待產業可能面臨的衝擊？

鄭崇華分析，儘管目前全球地緣政治當道，但全球化沒有消失，而是以不同形式存在。企業端的首要工作，還是要健全自身的管理能力，才能快速應對各種黑天鵝。「所幸台達電很早就以全球化的觀點進行布局，貼近市場、分散製造基地，降低地緣政治的風險。」

但如果民眾及企業主對和平存有高度疑慮，因應地緣政治分散風險而做的製造基地轉移，將在時間、人力及供應鏈複製等層面，造成額外的資源投入，配合這些限制，反而徒增企業營運成本，失去全球分工原本具備各有所長、各取所需的經濟原則。

因此，鄭榮華認為，和平與否，在全球化議題中存在關鍵性影響。

以兩岸關係為例，雙方領導人的善意接觸，就是開啟和平的第一步。前總統馬英九在任期最後一年，完成歷史性的「馬習會」。總統蔡英文任期也近尾聲，其元旦講話罕見呼籲台海和平穩定；副總統賴清德近期也提出「和平保台」主張，我們希望民進黨正在逐步修正兩岸路線，往和平靠攏。

鄭崇華樂見兩岸任何形式的接觸。「但無論如何，雙方執政團隊都要言行一致，不應口中高喊和平，實際上卻存有民粹仇恨情結。」他語重心長地說，當彼此言行一致，才容易達成共識，任何民間或官方層級的「會面」，才有實質意義。

他進一步表示，兩岸避開敏感的政治問題，在經濟與生活上，早已是程度不同的共存、共榮。政體的分治是歷史共業，需要時間與高度智慧來達成共識，雙方要以進步繁榮做為共同目標。

鄭崇華坦言，兩岸在金融、文化、商業各層級的交流已不是問題；未來在疫情上亦可強化醫療、保健層面的合作。而適當的貿易協定、相互承認高等學歷、專業人才交流等，也能為和平打下根基。

許多企業領袖退休後，為兩岸乃至於世界和平貢獻心力，鄭崇華深感欽佩，但他自嘆年事已高，未來仍將把重心放在台達電，也鼓勵台達電管理階層以本業為重，做好管理工作，提升營運績效。他認為，這也是對國家社會負起重要責任的方式。

## 追求和平，比買武器重要

近期，台灣軍備議題掀起廣泛討論，不少人質疑，政府花費巨額添購武器，若將其用來增加台灣競爭力，豈不更好？

對此，鄭崇華認為，購買武器屬硬實力，只是充實國力的途徑之一，政府應妥善考量整體需求。以台灣現狀來看，應極力追求和平，而不是在考慮戰爭的可能性下，力圖增加軍備。他強調，提升軟實力，強化國際合作，創造不可或缺的價值，才是上策。

鄭崇華堅信，人才匯流，確實有助於兩岸和平與共榮。他更以台達電多年來培育人才的心得說明。

二〇〇〇年起，台達電在中國大陸設立「台達電力電子科教計畫」，用以鼓勵大學與碩博士生積極投入相關研究，不僅大大促進了電力電子領域的交流進步，更培養了諸多人才，為人類面臨的環境與能源危機提供創新的解決方案。截至二〇二二年，台達電「科教計畫」已經支持了大陸十二所高校三百一十七個創新研究項目，及四十一個優秀科研項目；頒發優秀研究生獎學金與專項獎學金共一千四百二十二人次。

二〇〇八年起，台達電從福建南平一中開始設立「珍珠班」，迄今已擴大至五省八校，累計捐贈超過七百萬人民幣，幫助近千名困頓家庭的資優學子完成學業；舉辦十餘年的台達盃國際太陽能建築設計競賽，也在推廣環保、節能、永續的同時，持續為兩岸及世界舉才。

「教育本來就是全人類的重要課題，唯有跨越國界，才有更多交流與發展，更是增加世界和平的契機！」他補充。

最後，鄭崇華談起時下的官場生態，認為政治人物都該學習昔日官員無私無我、公忠愛國的精神，如李國鼎、孫運璿等人，在國際情勢不利的狀況下，仍然讓台灣不卑不亢，有機會在國際上嶄露頭角，並受到尊重。

他呼籲，台灣的執政者除了要爭取國際支持，也要努力促成兩岸的互信與共識，以多方合作代替對抗，讓和平成為一切發展與進步的基礎。如此一來，永續共榮的地球村，將指日可待。

原載於二〇二三年二月《遠見》第四四〇期。

「人類改變大自然絕不是成就，而是浩劫。」在興辦企業時，很早就注意要避免製造環境汙染，並長期關注地球環境變遷與天然資源短缺問題，成為最早推動節能、重視環保的「綠色」企業。「環保、節能、愛地球」，是公司成立時即立下的經營使命。

——鄭崇華，《利他的力量》，頁三〇八。

**AI 人工智慧趨勢大師**

# 李開復

## Kai-Fu Lee

出生｜1961 年

學歷｜卡內基美隆大學電腦學博士

經歷｜曾任微軟自然互動式軟體及服務部門副總裁、**Google** 全球副總裁和大中華區總裁

榮譽｜美國電機電子工程師學會（**IEEE**）院士、《時代》雜誌全球最有影響力一百人（**2013**）

著作｜《**AI** 新世界》，**2018/07/31**

《我修的死亡學分》，**2019/04/29**

《李開復給青年的 12 封信》，**2020/02/27**

《**AI 2041**》，**2021/07/02**

以上著作皆由天下文化出版

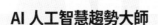

# 「+AI」新時代來臨！四大策略讓傳統企業找到AI機會

文／鄧麗萍

全球AI領軍人物、創新工場董事長兼首席執行官李開復今天（十一月六日）下午在「二〇二〇第十八屆遠見高峰會」（以下簡稱二〇二〇遠見高峰會），以「從AI+到+AI，以技術推動創新浪潮」為題發表演講。

「人工智慧（AI）發展近七十年，大約在六、七年前有了重大突破！」李開復一針見血點出，這個重大突破就是「深度學習」成了通用的技術，讓AI在各領域遍地開花。

「深度學習是在單一領域裡面，用海量的數據，可以訓練出一套比人做得更好的技術。」李開復說，因為在大量的數據收集過程中，可以看到各種不同的特徵和維度的相關度。而且，經過海量的數據，能看到人的有限經驗所看不到的一些數字規則，因此，ＡＩ往往可以做得比人還要好。

「這是一個特別巨大的好消息，五年前能做頂級人工智慧的人，全世界可能只有上千人，但是今天應該已經上百萬了。」李開復指出，今天的人工智慧，已不是過去所謂的尖端科技（rocket science），而是相對接近普及的技術。

為什麼突然有數百萬個ＡＩ工程師，而且未來會更多？李開復解釋：「這是因為ＡＩ軟體的程式設計變得更容易，且硬體變得更快速。」李開復是《時代》雜誌全球最有影響力一百人，曾任Google、微軟、蘋果全球高管要職，二〇〇九年成立創新工場，培養新創獨角獸。

## 第四波ＡＩ浪潮，將涵蓋七至八成的社會經濟

李開復提到他在著作《ＡＩ新世界》中談及的四波ＡＩ浪潮，第一波是ＡＩ滲透到互聯網，讓每一家網路公司都用上ＡＩ；第二波是各個商業的行業，尤其是金融業；第三波是ＡＩ能看能聽，因為有更多感測器（sensors）讓它變得比人還要厲害。而第四波ＡＩ浪潮，就是在機器人和無人駕駛時代來臨之後。

「在第四波浪潮中，我們將看到各個領域都被顛覆，大約涵蓋社會七〇至八

○%的經濟。」不過，李開復也坦言，ＡＩ至今滲透率還不到五%，「雖然潛力非常巨大，但是它還沒有真正滲透。」

## 「ＡＩ+」→「+ＡＩ」，傳統企業的ＡＩ賦能機會來了！

值得注意的是，李開復認為，未來將是從「ＡＩ+」到「+ＡＩ」的重要時代。所謂「+ＡＩ」，就是指在傳統公司原本有營業額和大量的數據，若透過ＡＩ優化，就可能立竿見影，創造相當大的價值。

「你的機會來了！」李開復建議，傳統公司應好好思考，是否有足夠的數據能用ＡＩ去優化。在「ＡＩ+」時代，很多公司是先做了ＡＩ技術，再去找應用；但在「+ＡＩ」時代，這些ＡＩ公司都要去傳統行業尋找合作夥伴，因為只有他們才有ＡＩ的落地場景。

新冠疫情爆發，也加速了ＡＩ落地的機會。李開復提及四大會計師事務所之一資誠（PwC）的研究指出，在未來九年，ＡＩ可望帶來十六兆美元商機，其中最主要就是傳統行業加上ＡＩ帶來的價值。

李開復認為，「+ＡＩ」在此刻更為重要，理由有三：

首先，要用AI來顛覆龐大的傳統行業，需花很長時間。

第二，傳統行業門檻很高，AI門檻反而變低。

第三，傳統行業有很多生態鏈，創業公司難以複製。

因此，與其讓AI公司來創新傳統行業，不如讓傳統行業把AI加上，相對容易且務實。

## 貸款決策AI化，還能訓練出農村醫生的醫療助理

傳統行業如何做到AI賦能？李開復提出四大策略：

首先，可透過公司的單一環節進行AI優化，來降本提效。

第二，讓公司的營運環節進行優化，例如貸款公司把貸款決策AI化。

第三，整個流程的AI賦能，包括工廠用AI進行質量檢查，不僅省下人力，也能更針對性地找出問題。

第四，AI可以幫助設計一套預測機制，以大型商店為例，當分店遍布全國，AI可以精準地計算出每家分店內每項產品的日銷量，並考慮到各種因素，包括天氣、疫情、過去銷售等，以便準備庫存，甚至進而決定倉庫和商店的開設地點，

「慢慢地，ＡＩ不但把店長的工作做了，而且做得更好！」

「在醫療行業，也會有顛覆的機會！」李開復指出，醫療數據如用藥數據，能夠訓練出農村醫生的醫療助理，來幫助他們。新藥的發明也可以完全用ＡＩ來推測，包括哪一種藥更可能會被批准通過。此外，用ＡＩ進行腦神經疾病診斷，遠比人所做的更加精準。

「在過去這十五年，最大的價值創造、最大的ＡＩ使用，都是在互聯網應用上。」但李開復認為，「＋ＡＩ」的新時代即將來臨，每一家傳統行業公司都能夠找到自己的ＡＩ新機會。

原載於二〇二〇年十一月《遠見》第四一三期。

# AI 2.0時代，所有應用都將重寫

文／羅之盈

ChatGPT掀起全球ＡＩ人工智慧大海嘯，這個新動態，看在華人世界ＡＩ第一把交椅、創新工場董事長兼執行長李開復的眼中，如何解讀？

李開復深耕ＡＩ多年，大學就開始研究人工智慧。二〇一七年至今，陸續出版了《人工智慧來了》《ＡＩ新世界》《AI 2041》《李開復的ＡＩ基礎課》（有聲書）等多本重量級著作，密切關注ＡＩ技術與產業的發展。

ChatGPT發表至今，李開復一直高度關注其發展，並且陸續在臉書、產學論壇上，發表精闢見解，觀察到趨勢銳不可擋。

李開復甚至在三月二十日公開宣告籌組Project AI 2.0新創公司，致力打造AI 2.0全新平台和AI-first生產力應用，這將是創新工場「塔尖孵化」系列的第七家公司，不僅尋找投資機會，也將積極建造ＡＩ生態圈。

ＡＩ下一階段有哪些危機與商機，李開復接受《遠見》獨家專訪，分析箇中關鍵。

首先，每當ＡＩ新功能一出現，就會讓人擔心，人類是否會被機器人取代，失去工作的價值？

## 軟技能的工作，才是金飯碗

對此，李開復表示，在具備豐富資料、足夠應答能力的ＡＩ系統之下，二十類工作者的確需要提前做好規畫，受影響的工作者包括電話行銷、財經和體育記者、專業投資人員、財務分析師、放射科醫師等。

另一方面，他也樂觀表示，創造力、同理心、靈巧性，三者是人類優異特質，預測到二〇四一年前，ＡＩ仍無法完全掌握。

因此，ＡＩ時代仍會「高枕無憂」和「有驚無險」的二十種「金飯碗」工作，大都是屬於需要軟技能的工作，例如：心理醫生、形式辯護律師、管理者（真正的領導者）、科學家、數據處理和標注人員、養老護理員等。

李開復指出，人工智慧在二〇一五與二〇一九年，分別在圖像視覺、自然語言理解的兩大領域，得到技術突破。前者應用於圖像辨識、影片編輯、自動駕駛等範疇，後者則推展了語音辨識、機器翻譯、問答互動等面向。

前兩大領域突破，帶動了AI 1.0的時代，有五大落地實踐的條件，包括海量資料、精準自動的標注、單一清晰領域、頂尖AI科學家、大規模運算能力。

但現在AI持續發展，顯然已經開啟了AI 2.0的新時代。

李開復表示：「AI 2.0與AI 1.0不一樣，AI 2.0就是一個超級大腦，把世界上所有的文本、圖片，統統讀遍了，然後他用『自監督』的方法，自己教自己，不用人工標注，模型完成後，可以轉移到其他應用，達到了AI 1.0時代無法完成的平台效應。」

什麼是「自監督」？例如教AI 2.0讀一本書，先給它看第一章到第九章，看完之後要它寫第十章，寫完以後再把真正的第十章答案給它，要它自我檢測寫錯了多少，然後再去自行修改模型，讓下一次的運算，最小化錯誤。

李開復說明，所以為什麼今天AI 2.0、ChatGPT會胡說八道，就是因為猜的時候，猜錯了！但技術細節終究會慢慢解決，這套有別於AI 1.0時代單一領域AI的限制，「通用型」基礎模型真的已經相當好了，因為再克服更多細節困難以後，只要可以微調，就可以用很低的成本，把它調到新領域去。

## 內容、介面、平台，商機爆發

李開復同時預測三大ＡＩ商機，軟體應用全部重寫、使用者介面的轉變、商業模式的進化。

「我覺得現階段已有的應用、各個領域的每個應用，全部都可以重寫一遍，例如：搜尋引擎、PowerPoint、Photoshop、電商與廣告等。」李開復表示，只要在重寫的過程中把AI 2.0放進去，它就有一個聰明的核心引擎，各種應用會遍地開花，讓以前做不出的應用得以實現。

例如：醞釀超過一年的元宇宙，將得到極大挹注。「AI 2.0＋元宇宙／遊戲」將大幅降低虛擬世界內容的生成成本，ＡＩ可以成為實時（real time）聊天伴侶，增加互動樂趣和娛樂性，提高遊戲時間、激勵用戶參與，ＡＩ生成內容將成為元宇宙的中流砥柱。

又如大眾文化的「AI 2.0＋影視娛樂」，ＡＩ可以根據閱聽大眾的喜愛與偏好，訂製影音內容，更容易吸引大眾眼球，獲得更好的收視率與口碑，將形成下一世代的娛樂主流，ＡＩ輔助創作會逐步形成全新的創意產業生態價值鏈。

再擴及垂直深度領域的「AI 2.0 ＋醫療」，ＡＩ能快速精準分析患者整體健康狀況，吸納所有歷史數據、生物特徵和個人模型預測，成為醫生的得力助手，更可以「有的放矢」地研發ＡＩ藥物，提供個性化醫療方案。

第二項商機，是有了別開生面的使用者「體驗」，不管是對話式服務，還是單一結果的便利性，都將應用服務的「使用者介面」解構重生。

例如以前繪畫製圖需要會使用 Photoshop，但以後只要懂得用文字描述就可以了，取代了重複性的初階勞動，新體驗帶來價值，也創造了新的市場機會。

第三項商機，則是透過通用型ＡＩ模型，形成全新平台，就能創造全新商業模式。

李開復淺然一笑，「如果 AI 2.0 只是承接 Google 創造的廣告模式，想法就太狹窄了。」

當ＡＩ能精準對應任何人類的問題時，商業模式有非常大的想像空間，可以用戶付費、可以按照圖片付費、可以按照接入模型的範圍付費。

而且，這些百花齊放、重新發明的每個 App，體驗不一樣，用戶群不一樣，產生的價值不一樣，然後更快、更有效率，而且帶動最重要的商業模式變革，代表產業有了爆發的機會。

如此精采的產業機會，還有哪些需要跨過的門檻？

## 三大發展瓶頸，亟待克服

李開復解構AI 2.0先天困境。一是如此巨大的運算模型，需要極大的運算能量；二是解決「胡說八道」的問題；三是移轉到其他領域的模式，能否建立完成？

過去十年，雲端運算每年所需要的新增運算能量，在半導體的進展下，得以滿足，但AI進入更高速發展的階段，晶片設計與製造的突破是不是能跟上？使用成本是不是仍然這麼貴？這都是AI 2.0的基礎難題。

其次是「正經八百地胡說八道」的情況，能不能有更新的技術搭配調整？因為現階段使用在「無關緊要」的領域，AI 2.0表現很好，例如寫作助手、圖像創作，但如果在不容出錯、需要明確答案的議題上，AI 2.0還不如搜尋引擎給予的多種搜尋結果。

第三則是轉移模式，AI 2.0最迷人的平台經濟，需要能在流暢的多元領域上轉移，才能透過大規模應用，與其帶來的商機，才能分攤巨大運算成本，這也是重要的關鍵環節。

李開復特別分享他一九八三年提交卡內基美隆大學（Carnegie Mellon University）博士申請的信函，信中提到：「AI是對人類學習歷程的闡釋、對人類思惟過程的量化、對人類行為的澄清，以及對人類智能的理解。AI是人類認識並理解自己的最後一哩路。」

四十年後，人類終於走到了起點。未來還將千變萬化！

原載於二〇二三年四月《遠見》第四四二期。

如同大多數科學技術本身並沒有善惡之分一樣，AI技術在本質上是中立的。如果人類能夠恰當地引導AI的發展並利用AI，最終，AI將為社會帶來更多積極的正面影響，而非負面影響。我深深相信，AI將在極大程度上推動人類社會的發展，透過很多實際應用場景，為人類帶來巨大的驚喜。

——李開復，《AI 2041》，頁一一六。

20 位國際大師遠見連線　透視全球變局 / 王力行總策畫 ; 吳佩穎主編 . -- 第一版 . -- 臺北市 : 遠見天下文化 , 2023.06
296 面 ; 14.8×21 公分 . -- ( 社會人文 ; BGB556)

ISBN 978-626-355-289-0 ( 平裝 )

1. 臺灣政治　2. 時事評論　3. 言論集

574.33　112009467

社會人文GB556

# 20位國際大師遠見連線透　視全球變局

撰稿者 —— 遠見雜誌／毛凱恩、白育綸、李國盛（特約）、林士蕙、林佩萱、林讓均、高希均、
張彥文、傅莞淇、黃漢華、楊瑪利（採訪）、劉宗翰、鄧麗萍、簡嘉宏、羅之盈

總策畫 —— 王力行
主編 —— 吳佩穎

總編輯 —— 吳佩穎
社文館副總編輯 —— 郭昕詠
副主編 —— 張彤華
封面設計 —— 張議文

出版者 —— 遠見天下文化出版股份有限公司
創辦人 —— 高希均、王力行
遠見・天下文化・事業群榮譽董事長 —— 高希均
遠見・天下文化・事業群董事長 —— 王力行
天下文化社長 —— 林天來
國際事務開發部兼版權中心總監 —— 潘欣
法律顧問 —— 理律法律事務所陳長文律師
著作權顧問 —— 魏啟翔律師
社址 —— 臺北市104松江路93巷1號

讀者服務專線 —— 02-2662-0012｜傳真 —— 02-2662-0007；02-2662-0009
電子郵件信箱 —— cwpc@cwgv.com.tw
直接郵撥帳號 —— 1326703-6號　遠見天下文化出版股份有限公司

內文排版 —— 簡單瑛設
製版廠 —— 中原造像股份有限公司
印刷廠 —— 中原造像股份有限公司
裝訂廠 —— 中原造像股份有限公司
登記證 —— 局版台業字第2517號
總經銷 —— 大和書報圖書股份有限公司｜電話 —— 02-8990-2588
出版日期 —— 2023年6月28日第一版第1次印行
2023年7月10日第一版第2次印行
定價 —— 450元

ISBN —— 978-626-355-289-0
EISBN —— 9786263552975（EPUB）；9786263552968（PDF）
書號 —— BGB556
天下文化官網 —— bookzone.cwgv.com.tw